デジタル価値連鎖のメカニズム

人工知能に収益循環を学習させる
リベラルアーツテック×生態学的ベイズアプローチ

TIS株式会社
佐久間 優 〔著〕

中央経済社

デジタル価値連鎖フレームワークを説明する「6つの新概念」と「7つの定量化モデル」

【6つの新概念】 新概念①：機能の実体化（=XaaS）, 新概念②：価値移転, 新概念③：コトモノ財（Quasi-Service-Matter）

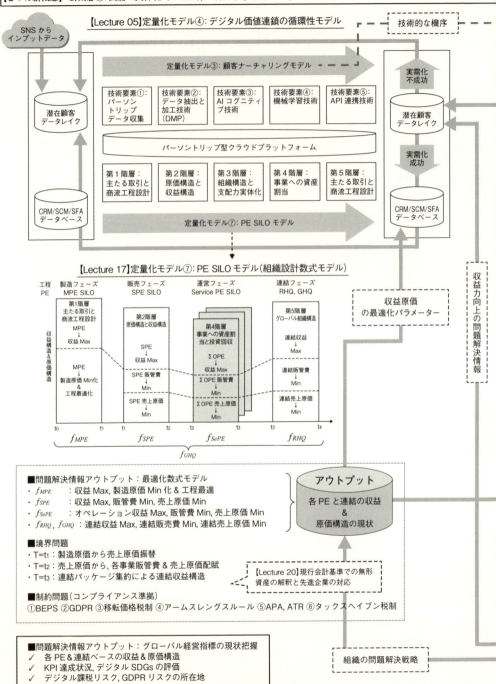

新概念④:コトモノ財循環, 新概念⑤:時間的&地理的伝播速度, 新概念⑥:SNS上の無対価性労働力　【Lecture10〜15】

【Lecture 04・05】定量化モデル③: 顧客ナーチャリングモデル

※リベラルアーツテックによる個人属性データの階層構造化
- 表層(位置データ/消費動向データ)+
- 深層(リベラルアーツ系キーワード)

SNSからインプットデータ

① 事前分布: インプット時系列データ
③ 機械学習型の基本プロトタイプ
② 共役関数
⑥ 事後分布を,新たな事前分布に代入
④ モンテカルロシミュレーションにて,パラメーターを推定
⑤ 事後分布: アウトプット時系列データ

リベラルアーツ系パラメーターと基礎技術①〜⑤による問題解決情報

正規分布に従う個体集団の振る舞い ＋ 正規分布に従わない時系列のランダム個体

- 個別効果の固定項
- 個別効果のランダム項
- 時系列のランダム効果

母集団固有の固定値 正規分布
個別効果のランダム確率密度分布
時系列ランダム効果の確率密度分布
抽出された正規分布

人工知能による需要予測アウトプット
- アゴ,アシ,マクラ,コト系のキーワード抽出
- 趣味嗜好(文化,歴史,趣味など)のキーワード抽出

アウトプット 潜在顧客データレイク

潜在顧客獲得策

【Lecture 16】定量化モデル⑥: SNS上の無償労働力評価モデル

SNS上でどのように時間的&地理的情報伝播するのか
生態学的ベイズモデルにて解明

インフルエンサー
コンバージョン率
クラスター

【Lecture 07】定量化モデル⑤: 無形資産永続価値の評価モデル

生態学的ベイズモデルに,生存率,減衰弾力性パラメーターを導入した無形資産評価モデル

FCF
永久成長率
企業生存率
減衰弾力性
X+1 X+2 X+3

■問題解決情報アウトプット
- ✓ 潜在顧客の需要予測【Lecture 03】
- ✓ 位置情報と趣味嗜好マッチング
- ✓ 顧客ナーチャリングデータベース

【Lecture 09】定量化モデル①: デジタル価値連鎖の実需創出モデル (新概念①〜⑥)

アウトプット因子
付加価値
〈事業〉
⑤ コトモノR&D → コトモノ販売 → コトモノ取引 → コトモノ育成 → コトモノ集客
社内 〈内製機能〉
① XaaS XaaS XaaS XaaS XaaS
川上 社外 〈外注機能〉 川下
XaaS XaaS XaaS XaaS XaaS
② ④ コトモノ財循環
インプット因子
社外デジタルインフラ
有形固定資産 ＋ 従業員(有償労働力) － ⑥ SNS上の無償労働力

事業と機能の収益性評価

【Lecture19】XaaS実体化の意義

デジタル価値連鎖の循環性コントロールと生産性コントロールのパラメーター評価

収益循環性の機序
デジタル生産性の機序

定量的分析

【Lecture 08】定量化モデル②: デジタル生産性評価モデル

デジタルサービス生産性
$= \dfrac{付加価値}{従業員}$

$= \dfrac{付加価値}{有形固定資産} \times \dfrac{有形固定資産}{無形資産} \times \dfrac{無形資産}{XaaS外注コスト} \times \dfrac{XaaS外注コスト}{XaaS内製化コスト} \times \dfrac{XaaS内製化コスト}{従業員}$

【Lecture 18・19】: デジタル技術が過小評価される理由, XaaSの意義

- KPI_1 固定資産付加価値創出率
- KPI_2 無形資産化率(逆数)
- KPI_3 XaaS化率(逆数)
- KPI_4 価値移転率
- KPI_5 デジタル労働化率

事業と機能の生産性評価

問題解決の処方箋考察

国の解決策:
- パーソントリップインフラ強化【Lecture 27】
- 社会インフラのオープン化【Lecture 28】
- 5Gデジタルサービス【Lecture 29】
- GDPR法的リスク対応【Lecture 30】

地域の解決策:
- 地方創生モデル【Lecture 24】
- デジタル投資課題【Lecture 25】
- フィンテックと地域経済圏【Lecture 26】

企業の解決策:
- デジタル無形資産の実体化【Lecture 21】
- VAS導入【Lecture 22】
- 収益原価コントロール【Lecture 23】

本書が提唱すること

　人工知能研究では，ニューラルネットワークを基礎とするコンピューターサイエンス的アプローチと並行して，人工知能にリベラルアーツ（人文科学：文化，歴史，文学，教育，美術，芸術，心理，福祉，宗教，思想など）をインプット情報として与えて学習を行わせると，どのような人格形成がなされるか，という機序を研究する「リベラルアーツテック」が注目されています。

　2018年，慶應義塾大学は「ピープルアナリティクスと個人の尊重」を理念に，「Cyber Civilization Research Center（サイバー文明研究所）」を開設しました。Civilization とは「文明開化」，Civil Engineering は「土木工学」と訳されることからも，「Cyber Civilization」の本質には，リベラルアーツとヒトの思考形成，人格形成の融合と，さらに人工知能をベースとした社会インフラ改革まで包括した大きな概念があります。リベラルアーツテックがニューラルネットワークと融合すれば，人格形成に密接に関連する非言語的な深層心理要素（＝無意識バイアス）をパラメーター化できるでしょう。例えば，ピカソを画像認識エンジンによって学習した人工知能が，ピカソの思考性や人格形成を学習したリベラルアーツテックと融合したならば，どのような創造的模写を生み出すのか，興味深いテーマです。

　本書では，同様な視点から人工知能に「経営思考」を学習させるために，デジタル価値連鎖フレームワークを提唱します。もし経営者が，人工知能（ＡＩ）にドラッカーの経営マネジメント理論のようなリベラルアーツ思考（ヒトや組織の管理，動機づけなどの行動原理）を学習させたいならば，組織を「有形，無形の収益源泉」に分解し，収益源泉ごとの取引時系列データに場合分けして，人工知能が理解できる数式モデルに落とし込む必要があります。本書では収益循環性の表現に適しているM．ポーターの競争優位モデル「価値連鎖（Value Chain）理論」にて全体アルゴリズムを設計し，インプットデータとし

てリベラルアーツ因子を学習させ，定量的，定性的な問題解決情報をアウトプットするアプローチを行います。

　本フレームワークの新規性は，AI コグニティブ（認識）と機械学習によって，デジタル価値連鎖を循環させる仕組みにあります。5G 高速モバイル通信網によって，「ヒトの趣味嗜好」と「ヒトの位置情報」をリアルタイムマッチングさせるパーソントリップ 2.0 に進化し，生活面でのアナログな要素はデジタルに置換されてゆきます。

　QR コードによるモバイル決済技術が浸透したのもつかの間，すでに「指紋認証」「顔認証」による生体認証カードレス決済は商用段階にあります。個人認証と決済に伴うデジタル革新技術は，目覚しいスピードで世の中の仕組みを変えています。近未来では「あなたの手や顔」が IoT デバイスになります。超音波を利用し，空中で触感フィードバックを得る「空中ハプティクス技術」は，仮想現実（VR）とリアル社会を結びつけるインターフェイスです。

　ヒトが持つ IoT デバイスは，クラウド上の個人の趣味嗜好，位置データのビッグデータと高い親和性で結びつき，様々な AI コグニティブサービスを生み出します。まさに「なんでも AI テクノサービス化」という XaaS（Anything as a Service, エクサーズと読みます）時代の到来です。本書では，その背景に存在するデジタル価値連鎖という大きなメカニズムを解説します。

　2018 年より観光 MBA が京都大学，一橋大学で開講され，高度おもてなし人材の育成が観光業界全体で始まりました。背景には，2017 年訪日観光客が 2,800 万人に達し，東京オリンピックが開催される 2020 年には 4,000 万人を超える予測があります。それに伴い，国交省，経産省，総務省，観光庁が様々なデジタル革新インフラ導入のための実証実験を産官学一体で進めています。

　観光業はパーソントリップ 2.0 の代表例であり，おもてなしと AI テクノサービスの共通点は，無形資産であることです。無形の付加価値源泉が，「誰に帰属して，その適正価値をどのように定量化するのか」を，第三者に客観的に説明するためには，図解して見える化することが最も有効です。したがって本書では，付加価値創出源泉の所在を様々な形で図解して説明することに重点を置

きました。

　また，越境 EC ビジネスもパーソントリップ2.0の代表格です。自身のビジネスアイディアに，越境型Ｃ２Ｃ（個人間取引）プラットフォームを導入したい方も多いでしょう。しかし，越境型のパーソントリップデータやデジタル取引は，デジタル課税（BEPS）と個人情報保護法（GDPR）という新たな国際リスクに直面します。課税リスクは国家間の租税条約では対応しきれないため，自ら課税当局と交渉を行いそれらのリスクを担保する必要があります。

　もし，あなたのおもてなしサービスを世界に伝えたいのなら——。

　観光 IoT は，潜在顧客をナーチャリング（育成）する仕組みであり，あなたの地域に求められているおもてなしニーズとマッチングさせてくれます。その潜在顧客に向かって，あなたのおもてなしのすばらしさを発信すれば，「ある法則（Lecture 05・16）」に則って SNS 上でインフルエンサーが出現します。日本でのおもてなしの感動やワオ体験（異文化遭遇の驚き）に感動文を添えて情報発信してくれるインフルエンサーの無対価労働のおかげで，SNS 上での情報の時間的＆地理的な拡散速度は，これまでのアナログ広告効果とは次元が異なるものになりました。

　しかし，このような AI テクノサービスには構造的問題があります。それは，デジタル革新技術は無形資産であり，付加価値源泉として定量的評価が困難であることです。従来型の事業価値評価やサービス生産性評価は，有形固定資産を基礎源泉とした定義式です。無形資産科目を FCF や付加価値に含めると，その定量的評価手法が複雑になるため，無形資産の価値評価を避けていた歴史があります。現実社会では，実務上のコンセンサスを得た CAPM 理論＋DCF 法という手法で，価値評価を行っています。

　しかし，デジタル革命時代を迎えた今日，デジタル革新技術の価値評価には生態学的ベイズ推定アルゴリズムがより合理的であり，それはデジタル価値連鎖の循環構造も説明することができます。また、それはまさに自治体が目指す SDGs（持続可能な開発目標）の問題解決情報でもあります。デジタル SDGs を「デジタル技術を活用した持続可能な開発目標」と定義すれば、それはデジタル価値連鎖と同意です。

本書では，観光IoTを主要事例として用いて，無形の付加価値源泉を適正評価する論拠構築に焦点を置き，下記の新しい経営概念を提唱します。

　デジタル価値連鎖は，6つの新概念——機能の実体化（＝XaaS），価値移転，コトモノ財の出現，コトモノ財循環，時間的＆地理的伝播速度，SNS上の無対価労働力——を用いて実需創出とその移転，循環を説明する新しいフレームワークです。さらに，7つの定量化モデル——デジタル価値連鎖の実需創出モデル，デジタル生産性評価モデル，顧客ナーチャリングモデル，デジタル価値連鎖の循環性モデル，無形資産永続価値の評価モデル，SNS上の無償労働力評価モデル，PE SILOモデル——を提示し，デジタル革命時代の経営エッセンスの評価まで落とし込んでいます。

　本書を執筆している間にも，フランスによるデジタル課税開始（2019年1月開始），ファーウェイ幹部の逮捕（2018年12月）などのニュースがあり，個人情報やデジタルサービスの所有権をめぐる国家間交渉が重大事案となりつつあります。目に見えないものを対象とする交渉は，その論拠の合理性に依存します。国家間の技術移転，個人情報移転，利益移転，課税地移転の交渉では，その存在の証明，所有権の主張，取得・分析でのコンプライアンス遵守について，様々なイデオロギーが錯綜し，無秩序なゲーム的対極軸を発生させます。本書で記したデジタル価値連鎖フレームワークは，パーソントリップ技術やリベラルアーツテックを用いて，このような対立関係の全体構造，因果関係を見える化し，解決策を提唱します。

　なお，本書は筆者の個人的見解であり，所属する組織の見解ではないことをご了承ください。

2019年4月

筆　者

Contents

Chapter 01 / 人工知能を実装するための技術的・経営学的エッセンス

Lecture 01 観光IoTが精鋭化するパーソントリップ2.0ビジネス　2
Case Study 1：おもてなし，阿寒湖流に。観光協会など接客手法構築へ　17
Lecture 02 顧客ナーチャリングに必要な技術要素　19
Lecture 03 個人の位置情報と趣味嗜好データのマッチング手法　39
Column：「高さ情報」マイニング競争は実現するか？　47
Lecture 04 ビジネスユースケース別リベラルアーツテック　52
Case Study 2：DMPモデルの要件設定（ユースケース）　69
Lecture 05 生態学的ベイズモデルによる機械学習の基本プロトタイプ　72
Case Study 3：ナーチャリングスコア時系列の有意性検証　88
Case Study 4：AI搭載ERPの付加価値　97
Lecture 06 ビジネス事例①：観光IoTファンドとGPaaSのビジネスモデル　100
Lecture 07 ビジネス事例②：越境EC企業のデジタル資産評価ゲーム　108

Chapter 02 デジタル価値連鎖のメカニズム

Lecture 08　デジタルサービスの生産性とは何か？　148
Lecture 09　デジタル価値連鎖フレームワークの全容　155
Lecture 10　新概念①：機能の実体化（=XaaS）　162
Lecture 11　新概念②：価値移転　166
Lecture 12　新概念③：「コトモノ財」の出現　171
Lecture 13　新概念④：コトモノ財循環　174
Lecture 14　新概念⑤：時間的＆地理的伝播速度　176
Lecture 15　新概念⑥：SNS上の無対価性労働力　178
　　　　　　Column：交渉ツールとなるアウトプット生産評価式　179
Lecture 16　SNS上の無対価性労働力評価のAIコグニティブ手法　181
　　　　　　Case Study 5：ひらまつのビジネスモデル　192

Chapter 03 デジタル課税の構造的課題

Lecture 17　BEPS行動計画とデジタル課税リスク　196
　　　　　　Column：日本政府によるBEPS対策　209
Lecture 18　デジタル先進企業はなぜ過小評価されるのか？　210
Lecture 19　XaaS分離の意義と構造的問題点　219
Lecture 20　無形資産を実体化させる現行会計基準の解釈　224

Chapter 04　企業の解決策：BEPS×GDPR時代の成功戦略

- Lecture 21　成功戦略①：デジタル無形資産の実体化アプローチ　234
    - Column：2008年にGNP算入が認められた研究開発費　241
    - **Case Study 6**：管理会計のAIコグニティブ化の限界　245
- Lecture 22　成功戦略②：付加価値売上（VAS：Value Added Sales）の導入　247
    - **Case Study 7**：付加価値売上導入の意義　250
- Lecture 23　成功戦略③：KPI_4による原価構造と収益構造のコントロール　259
    - **Case Study 8**：宿泊施設が付加価値売上を導入したら？　266

Chapter 05　地域の解決策：実需と仮想通貨のバランスド経済圏

- Lecture 24　独ミッテルシュタントに学ぶ地域創生モデル　270
- Lecture 25　日本ではなぜICT投資で生産性は向上しないのか？　281
- Lecture 26　フィンテック機能による地域内経済圏の創出　286
    - Column：仮想通貨をめぐる企業，地域経済圏，国の動向　292

Chapter 06　国の解決策：パーソントリップ2.0の社会資本化

- Lecture 27　パーソントリップ型プラットフォーマーへの進化の潮流　296
    - Column：AIの民主化とは？　302
- Lecture 28　社会インフラのオープンソース化　308

　　　　　　Column：国交省の取組み：コンパクトシティーへの誘導　317
　　　　　　Column：総務省の取組み：軽度でもネット障害を報告させる指針　320
Lecture 29　5G時代の近未来型デジタルテクノサービス　321
　　　　　　Column：総務省の取組み：個人認証のシングルサインオン　328
　　　　　　Column：QRコード決済の潮流　329
Lecture 30　ブロックチェーン2.0経済圏とGDPRの法的課題　330

Chapter

1

人工知能を実装するための
技術的・経営学的エッセンス

Lecture 01 観光IoTが精鋭化するパーソントリップ2.0ビジネス

1　パーソントリップ2.0とは？

「ビジネス2.0化」がもたらすパラダイムシフト

　ウェブ2.0，ブロックチェーン2.0，マネー2.0に代表される「ビジネス2.0化」は，「企業から個人へ」という一方通行の情報の流れが，「個人対個人の取引（＝Ｃ２Ｃ）」に変化することを意味します。

　Ｃ２Ｃプラットフォームによって多様な情報発信媒体が誕生し，マスコミに頼らずとも一個人が誰でも情報発信源になれることは，あらゆる産業にパラダイムシフトを引き起こしつつあります。

　2006年に，米誌タイムが「今年の人」に「You（あなた）」を選んだことで，YouTubeやウィキペディアなどで「積極的に情報を発信する個人」が認知され，さらにSNS上で「社会に影響を与える個人（インフルエンサー）」が誕生しました。このように「あなた（You）」という情報基地局が時間的＆地理的にアナログ時代とは比較にならない伝播力を持つことで，あらゆる産業において2.0化が起こる可能性があります。

　シェアリングエコノミーが2.0化によってよりアグレッシブなパーソントリップ産業に進化し，個人対個人の取引ニーズをより精緻に結びつけるデジタルプラットフォーマーの出現が予測できます。

シェアリングサービスがパーソントリップ2.0化する理由

　パーソントリップとは「ヒトの行動様式」と訳されたり，直訳で「個人旅行」ともされます。モバイル端末で検索したキーワードは「個人の趣味嗜好」として，また移動体のGPSデータは「個人の位置情報」として，インターネット上にビッグデータが形成されます。パーソントリップ産業はこのビッグデータに着目し，個人の趣味嗜好ニーズと位置情報をリアルタイムマッチングさせる技術を付加価値源泉とします。つまり，個人の趣味嗜好データと位置情報から，どれほどの有益な問題解決情報を提供できるか？　というアグレッシブな提案型マーケティングに付加価値を見出す業態です。初期のシェアリングエコノミーでは「待ちの集客スタンス」でも顧客が自らサービスを使用してくれましたが，同様なサービスが増えるにつれて，競争優位性を保つために「潜在顧客発掘型」に進化しています。

D2C（Direct To Customer）は必須のデジタル機能

　シェアリングサービス先行企業は，実店舗型ビジネスパートナーと提携戦略を進めています。既存市場での実店舗プレイヤーのシェアは侵食（カニバリゼーション）されてしまうため，win-winの相乗効果が狙えます。しかし，単なるシェアリングプラットフォームだけではない，競争優位性のある付加価値源泉を伴っていることを提携企業に示さなければ，提携先との交渉で優位性を保てません。このように，シェアリングサービスがD2C型パーソントリップ業態に進化するのは必然と言えるでしょう。

2　おもてなしの作り手と受け手が入れ替わる「観光ビジネス2.0化」

　2013年ドイツに始まったデジタル産業革命（通称，インダストリ4.0）は，おもてなし業にも大きな変革をもたらしました。観光IoTとSNSが浸透した結果，おもてなし作り手が受け手に，受け手が作り手となるパラダイムシフト

が生じたのです。

　これまで，おもてなしサービスの作り手と受け手は一方通行型の価値連鎖でした。しかし，SNS時代では，サービスに満足した受け手が，おもてなしの返礼として自発的に情報発信することで双方向型の価値連鎖が発生します。サービスの受け手が「おもてなし側の集客へ無償にて報いる」という2.0ビジネスを生み出したのです。

民泊ビジネスにおけるビジネス2.0化

　具体的な事例が民泊ビジネスです。その急成長の理由は，「民泊おもてなしの作り手と受け手」と「民泊プラットフォームプロバイダーとおもてなし起業家」の2つのパラダイムシフトにて説明できます。

　前者は，体験型コト消費，着地型観光によって，おもてなしが個人アイディアに依拠する2.0ビジネスにシフトし，訪日観光客が自身の経験したおもてなしワオ体験をいち早く発信したい欲求とSNS上のインフルエンサーになりたいという個人的欲求活動がうまくマッチングしたパラダイムシフトです。

➤ おもてなし2.0のパラダイムシフト1：民泊おもてなしの作り手と受け手

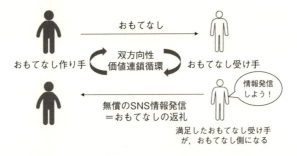

　また，後者について，クラウドプラットフォームの発達は，ハード，ソフト，オペレーションの分離と実体化を促進しました。その結果，「なんでもサービス化（XaaS：Anything as a Service）（**Lecture 10**）」と称される多様なXaaS

プロバイダーが誕生しました。民泊プラットフォームのプロバイダー企業は，ユーザーに自由な XaaS 選択柔軟性を与え，優れたアイディアを持ったおもてなし起業家は，多大な初期投資なしにスモールスタートアップが可能になりました。これが，民泊プラットフォームプロバイダーとおもてなし起業家がうまくマッチングしたパラダイムシフトです。

> おもてなし2.0のパラダイムシフト2：民泊プラットフォームプロバイダーとおもてなし起業家

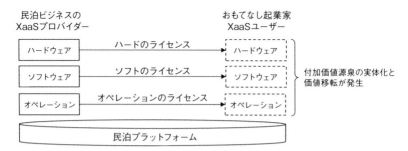

このように，民泊市場の急進には，2つのパラダイムシフトがあり，「おもてなしの創出力 × 運営力」という個人レベルの相乗効果がビジネス2.0市場発展の原動力です。サービスの受け手と作り手，XaaS プロバイダーと XaaS ユーザーの親和性の高さが，民泊ビジネスにおけるデジタル価値連鎖の循環構造をもたらしました。

3 観光 IoT の技術的要素

観光 IoT システムは顧客の行動様式を知り，ナーチャリングを行い，消費行動への動機づけを行うことが目的です。個人の行動様式，趣味嗜好，位置情報をクラウド上でデータベース化し，AI アルゴリズムを用いて個人ニーズを満たす問題解決情報を提示する一連のツールが観光 IoT です。ビジネス2.0化するおもてなし業が生き残るための必須ツールと言えます。

旅マエ，旅ナカ，旅アトに必要な XaaS ツールを見える化してみましょう。

> 観光 IoT の技術的要素

付加価値源泉を連鎖させる IoT＋PaaS システム

　様々な XaaS ツールをつなげて，「どこが付加価値源泉になるか」「どのように価値連鎖するか」を考えます。

> 人工知能搭載観光 IoT＋PaaS システム

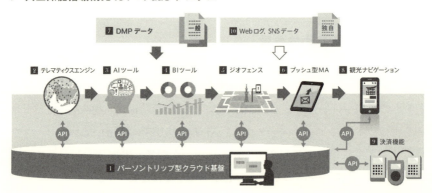

上記のすべてのツールを完備する必要はありません。もし，「特定の嗜好性を持つ潜在顧客のナーチャリングと戦略的集客」が目的ならば，AIツール，DMP（Data Management Platform）ベンダー，BI（Business Intelligence）ツールが中心になるでしょう。もし，食，交通関連のおもてなし業ならば，「旅ナカにおけるリアルタイム集客」が目的になるでしょう。この場合，ジオフェンス，プッシュ型MA（Marketing Automation）ツールを中心に組み立てます。

　このように精鋭化されたXaaSプロバイダーを活用すれば，非自前主義にて誰でもXaaSユーザーになれます。さらにC2C，D2C機能にて，多様なおもてなしを求める側と，おもてなしを提供する側は，個人レベルの動機づけにて強力な親和力をもって結びつきます。

　旅マエでは，おもてなし提供サイドから，自身の一番得意とするおもてなしを潜在顧客に対してプレゼンテーションできます。

　旅ナカでは，訪日観光客の間で位置特定アプリがインストールされたスマートフォンが浸透したことによって，個人の位置情報と嗜好性データがリアルタイムマッチングできます。例えば，和食レストランならば，施設の3km圏内にジオフェンスをはり，「和食について検索した潜在顧客」に対してプッシュ型クーポンを送ることができます。たとえ訪れなかったとしてもジオフェンスで捉えた顧客情報は，潜在顧客データ化し旅アトにナーチャリングすることができます。アナログ媒体では関連付けられなかったデータが，付加価値源泉になるのです。

　付加価値源泉を見える化する作業の重要性は，「付加価値源泉の所在地とその所有者」というデジタル課税と個人情報保護法上の合理的な論拠を与えてくれることです。それは，本業である「感動のあるおもてなしづくり」に経営資源を集中するための強力な理論武装になります。

4　おもてなしニーズの認知のためのリベラルアーツテック

アゴ，アシ，マクラ，コト検索後，エージェントサイトへ誘導される現状

　訪日観光客は，東京オリンピックが開催される2020年には4,000万人規模まで増加すると予測されています。団体旅行から個人旅行へのシフトが顕著で，実に半数以上は個人で情報を収集して，旅行目的と宿泊先を決定しています。

　仮に，2,000万人の潜在的な海外個人旅行者（FIT：Foreign Individual Tourist）がいるとしましょう。彼らはまず，日本旅行に関する自国語のポータルサイトをモバイル携帯端末で検索するはずです。検索ツールで「Japan Trip Portal」を検索すると，様々な日本旅行に関するポータルサイトが表示されます。

　FITがどのポータルサイトから日本旅行情報を入手するかは，個人の趣味嗜好に関する重要なマーケティングデータになります。趣味嗜好キーワードの種類は，大きく分けて4つに分類されます。

- アゴ…食べ物に関する情報⇒食べログなどのエージェントサイトへ誘導
- アシ…交通に関する情報⇒鉄道，高速バスなどのエージェントサイトへ誘導
- マクラ…宿泊施設に関する情報⇒宿泊部屋のエージェントサイトへ誘導
- コト…着地型体験に関する情報⇒グリーンツーリズムなどのエージェントサイトへ誘導

　このように検索キーワードの属性から，そのニーズを満たすであろうエージェントサイトへ誘導されてゆきます。最も多いのはマクラ系の検索であり，そのことが，ホテルや旅館などの宿泊施設が知名度の高い宿泊エージェントサイトに集客代行を依頼する動機づけとなり，必然的に掲載料や成功報酬もエージェントサイドが有利になるような業界構造になっています。

なぜ，あの場所には外国人が大挙してやってくるのか？

　マクラ系に対抗して急伸したのが，コト系の情報検索です。日本で暮らして

いると日常的な風景も，訪日観光客からみると驚きの異文化体験（＝ワオ体験）になります。動画サイトやTwitterは，SNS上で日本旅行体験に関するワオ体験をプレゼンテーションする機会を与えました。

　個人旅行者が求めるおもてなしニーズの認知方法として無視できないのが，SNS上に広がる「日本旅行のワオ体験」です。

ワオ体験で表象される表層的リベラルアーツパラメーター

- 日本社会の文化，マナー，習慣，安全へのSNSコメント

  「空港の雰囲気，分別ごみ容器，トイレの清潔さ，店員の接客マナー，ホームで整列乗車する通勤風景，小学生の電車通学，災害時の平常心」などのありふれた日常風景を題材に，敏感に感じ取った良い意味を持った驚きがSNSコメントに目立ちます。日本文化の価値観との共有性のバロメーターとなるリベラルアーツ系単語を抽出した例です。

  ▶ リベラルアーツ抽出単語

  　disciplined, harmonized, coordinated, manner, cleanliness, safety

- 日本人の働き方へのSNSコメント

  「バスやタクシーなどの公共交通機関での乗務員のプロフェッショナリズム，新幹線の定時定刻秒単位の運行」は移動中のワオ体験です。新幹線の清掃作業の「奇跡の7分間」は，ハーバードビジネススクールのケーススタディ題材になるほど認知されています。SNSコメントでは仕事に対する国民性には賛否コメントがあり，自己反省，他己依存正当論，社会インフラに対する国家責任論など，文化の違いによる自己擁護論から，日本社会の特異的な背景へと目が向けられ，日本社会の労働に許容性を示すリベラルアーツ系単語が抽出できます。

  ▶ リベラルアーツ抽出単語：

  　professionalism, education, morality, ethics, responsibility

●日本の観光資源に関するSNSコメント

近年,地方の観光資源が注目され,外国人が大挙して訪れたり,購入するという現象が多く発生しています。それらに共通するものは,SNSインフルエンサーによる「日本文化の独自性,稀美性,希少性」に対するクチコミです。日本観光地の固有名詞や一般名詞(#kimono, #torii, #temple, #shrine, #powder snow など)にリベラルアーツ系単語の属性を付与すると「個体集団的振る舞い」が抽出できることに注目します。

▶ #Japanese garden における個別効果を表すリベラルアーツ単語抽出
classical, awe, sacred, originality, tranquility, romantic, mysterious

リベラルアーツテックとは？

Lecture 05 で詳述しますが,リベラルアーツテックは,表層的言葉による感情分析から始まり,より深層的かつ非言語的な無意識バイアスを「表象」するコメントや単語を教師データとし,認知心理学的アプローチによって「表層的」「深層的」に分類することにより,SNSクチコミデータから正規分布に従う個体集団の振る舞いを予測する技術です。

期待⇒選択⇒評価⇒ポジティブ発信⇒伝播という実需創出循環を生み出したリベラルアーツテック

SNS上で日本旅行のワオ体験がキラーコンテンツとなった結果,おもてなしの作り手にも発想の転換が求められることになりました。優れたおもてなしコンテンツは,「果たしてどんなワオ体験があるのか」を想起させ,その期待を満足させるおもてなしを受けたとき,おもてなしの受け手が無償で行うSNS上のポジティブ発言は,アナログ社会での数億円の広告費に匹敵するスケールで,時間的かつ地理的情報伝播を生み出す原動力になります。

もちろん,すべてのワオ体験やポジティブ発言が情報拡散するものではありませんが,着目すべきは「確率的なある法則(Lecture 05·16)」に従いこのよ

うな情報伝播は発生し，そして「確実な実需」に帰着させるリベラルアーツテックの存在です。

筆者は，日本のおもてなしアイディアの多様性そのものが付加価値財と考え，「コトモノ財（Lecture 12）」として定義しました。コトモノ財はインターネット上にある無形のおもてなしアイディアの集合体として確率的現象の母数を形成し，実需を創出する種です。コトモノ財に対する期待，選択，評価，ポジティブ発言，伝播は，すべてヒトの本能的な自己承認欲求活動であり，デジタル時代のおもてなしが2.0化する原動力となりました。この「デジタル価値連鎖（Chapter 02）」という概念こそ，デジタル社会で無形資産から実需を生み出す新たな無形付加価値源泉と言えるでしょう。

> 観光 IoT のデジタル価値連鎖

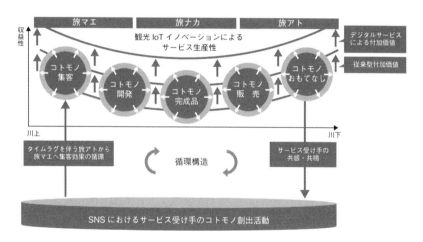

5 顧客ナーチャリングのリベラルアーツテックアプローチ

一方，SNS 上でのデジタル価値連鎖に無関心で，訪日観光客の潜在ニーズに気づかない自治体が多いのも事実です。地域の観光ナビゲーション（ビーコ

ンによる観光名所案内など),交通手段,決済機能などのおもてなし2.0ニーズに直結する観光インフラ整備には,自治体,DMO（Destination Marketing／Management Organization：官民などの幅広い連携によって地域観光を積極的に推進する法人組織）などの上位組織のイニシアティブが必須です。仮想通貨などの地域決済インフラ整備や,地域文化の魅力アピールを上位組織が担うことで,個別施設はおもてなし2.0化戦略に注力できます。モノを売る「モノ売り」と,体験や感動を売る「コト売り」の付加価値源泉化戦略として,地域と個別施設の役割分担を行うことが重要です。

> 付加価値源泉化の役割分担

地域上位戦略	・地域イベント主催 ・観光インフラ（観光名所ビーコン案内など） ・地域仮想通貨 ・観光IoTシステム（地域顧客データベース含む）の提供 ・地域潜在顧客のナーチャリング
個別施設戦略	・観光IoTシステム（必要機能ライセンシー取得） ・「体験,感動」のコトイベント差別化 ・独自ナーチャリング ・独自おもてなし差別化

潜在顧客を効率的に認識する顧客ナーチャリングモデル

地域と個別施設が役割分担をして地域潜在顧客のナーチャリングを目指すためには,「地域顧客データベース」が共通資産として必要です。サービス生産性の向上のために,汎用的な観光IoTプラットフォームを地域社会基盤として整備し,そのうえで地域と個別施設は競争原理のもと,それぞれ集客アプローチを行う必要があります。

SNSクチコミデータは,非構造データの集合体です。表層的言語データからメタデータ系統を抽出し,そこに深層的な非言語特性をメタタグ（属性）として紐づけます。SNSクチコミデータのメタデータ化と顧客ナーチャリングは次のような機序で表されます。

▶メタデータ
- コトモノ需給データ:アゴ,アシ,マクラ,コト情報に関する需要サイドと供給サイドの情報
- 趣味嗜好データ:文化,歴史,趣味,コミュニティーなど,個人の趣味嗜好に関する需要サイドと供給サイドの情報
- SNS発信データ:サービス体験,コトモノ財に対するポジティブorネガティブ発信傾向
- 消費活動データ:インターネットと実店舗での消費活動,消費金額データ

➢ 顧客ナーチャリングモデルとリベラルアーツテック

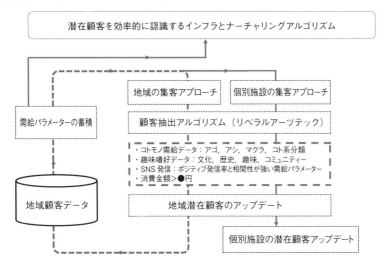

決済支配権を地域金融機関が持たないと地域実需に直結しない理由

　観光IoTの要素の中で,特に地域主導が必要なインフラ整備は地域特化型決済インフラです。実需に応じたマネーサプライコントロールは,過度でも過少でもない範囲内に信用リスクをおさめ,実需創出の循環を形成します。その

ため，訪日観光客の消費行動の決済が母国の金融機関にて行われると，地域金融機関が実需創造のために行うべき与信コントロールの余地は限定的なものになってしまいます．観光施設サイドから旅ナカ消費を促すだけでなく，マネーサプライを地域内で行ってもらうインフラを提供する活動が一対となって，地域経済圏の実需創出と与信創出は循環性を保てます．

観光ナビゲーションは，地域ブランディング機能であり地域限定の特産品などの物品販売を向上させるでしょう．リアルに発生した実需を地域金融機関の与信源泉として取り込み，地域経済のさらなる与信力を生みだす XaaS が BaaS（Banking as a Service）です．

BaaS プロバイダーによる「地域特化型決済システム」は，地域経済圏における与信と決済支配権を地域が所有し，地域が主導できる仕組みです．Lecture 24 の「独ミッテルシュタントに学ぶ地域創生モデル」や，Lecture 26 の「フィンテック機能による地域経済圏の創出」で学ぶように，地域が継続的に発展するためには，実需創出と金融機能の取込みは一対の施策です．

観光 IoT とは，それら一連のデジタル価値連鎖の概念であり，個別施設，地域金融機関，自治体インフラなど地域経済に関わるすべてのステイクホルダーの相乗効果を創出する社会資本なのです．

➢ 地域特化型決済システムの例

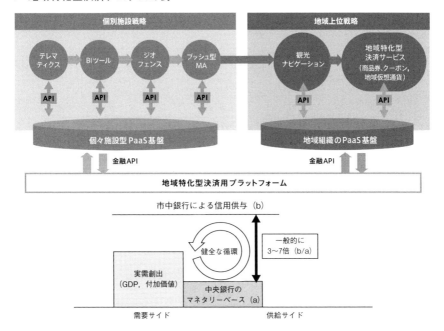

観光 IoT 無策は，地域観光行政の劣後状況を招く

　地域主導の観光 IoT システムは ICT（Information and Communication Technology：情報通信技術）インフラの非自前主義を促進するので，厳しい地域財務状況において，地域振興策としても合理的です。ICT 関連の有形固定資産の流動化，その運用まで外注化し変動費化できるため，組織的なおもてなしに経営資源を集中できます。個としての観光施設が行うおもてなし要素と，自治体が行うおもてなし要素を明確に区分けしなければ，地域経済圏のデジタル価値連鎖は循環しません。

　地域 DMO や地方自治体を上位戦略，各施設の戦略を個別戦略として，双方のプラットフォームやデータベースの共有化が必要です。観光 IoT を推進しなければ，デジタル革命時代に地域観光は取り残されてしまうでしょう。

6 観光 IoT の AI コグニティブ化モデル

観光 IoT の AI コグニティブ化によるデジタル価値連鎖のメカニズムを図解します。

$$サービス生産性 = \frac{付加価値（アウトプット）}{労働投入（インプット）}$$

パーソントリップデータマッチングエンジンは，地域と個別施設への問題解決情報を効率よく提示し，付加価値（アウトプット）を増加させる効果があります。また，SNSでのサービス受け手によるコトモノ創出活動は無償労働であり，労働投入（インプット）の控除効果をもたらします。

➢ 観光 IoT の顧客ナーチャリングモデル

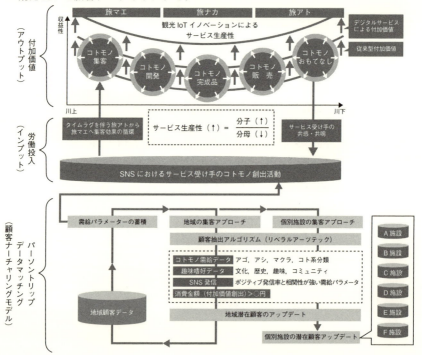

Case Study 1

おもてなし，阿寒湖流に。観光協会など接客手法構築へ

下記の記事（『日本経済新聞』2017年10月26日記事から抜粋）を読んで，下記の課題をグループで検討してください。

> "北海道東部の阿寒湖温泉の観光関係者が日本航空などと組み，接客など阿寒湖らしいおもてなしスタイルを構築する。訪日外国人客の受け入れを増やすため，国の観光立国ショーケースなどに指定された釧路市の観光地の中で，中核的な役割を果たす阿寒湖地域のホスピタリティーを高めるのが狙い。
>
> 日航の客室乗務員らをファシリテーターに，阿寒湖温泉のホテル，旅館，商店街，自然ガイド，行政関係者ら約40人が参加する。
>
> 阿寒湖温泉は地域の独自性を出すため，アイヌ民族の文化などを前面に出してPRする「阿寒湖パロコロ運動」を進めている。今回の事業を通じて接客や商品開発に磨きをかけ，地域全体の行動指針「阿寒湖パロコロスタイル」を策定するほか，2017年度中に専用のアプリを開発して地域でノウハウなどを共有できるようにする。"

もし，あなたが観光IoTコンサルタントとして，このプロジェクトに参画するのならどのようなデジタル施策の提案を行いますか？

〈グループディスカッションの課題（施設チーム，行政チームに分かれます。）〉

① 施設チームは，ホテル，旅館，商店街，自然ガイドなどの個別施設が最も得意とするおもてなしサービスを，コトモノ需給メタデータ軸（＝アゴ・アシ・マクラ・コト）と，趣味嗜好メタデータ軸（＝文化，歴史，趣味，コミュニティー）に分類してください。
そして，潜在需要予測の高い5つを選択して下さい。

② 行政チームは，提供しうる地域おもてなしサービスを，コトモノ需

給メタデータ軸（＝アゴ・アシ・マクラ・コト）と，趣味嗜好メタデータ軸（＝文化，歴史，趣味，コミュニティー）に分類してください。
そして，潜在需要予測の高い5つを選択して下さい。
③　施設チームと行政チームは，第三者機関によるポジティブ/ネガティブ意識データを入手し，自らが考えた潜在需要予測と比較してください。訪日外国人の視点から，なぜ日本人によるポジティブ，ネガティブ予測と乖離が発生しているのかディスカッションしてください。
④　施設チームと行政チームは合同で，個別施設のおもてなしメニューと地域のおもてなしメニューを共有し，個別施設戦略と地域上位戦略の役割分担を明確に分類してください。そして，地域顧客データベースの因子を，地域と個別施設に共通なメタデータ因子と，共通しないメタデータ因子に分類して構造化してください。
⑤　最終的に，専用アプリに必要な機能を提案してください。観光IoTの中から具体的に必要なツールを取り上げ，そのインプット情報とアウトプット情報とともに，「どこに付加価値源泉があるか」を図解してください。（専用アプリは，個々のベンダーツールをつなげて構築するAPI連携を前提とします。）

Lecture 02 顧客ナーチャリングに必要な技術要素

1　捨てられる旅館と選別されるおもてなしプレイヤー

地域経済にみる「地方の厳しい財政事情」

　大都市圏と地域の観光施策を担う行政サービス生産性を比較すると，地域経済の厳しい財政状況がわかります。行政サービス生産性倍率（＝付加価値創出÷政府サービス固定資本）の推移を地域別に比較すると，関東，近畿，中部などの大都市圏では公務員1人当たり40〜55倍であるのに対して，九州，中国，

➢ 行政サービスの生産性倍率

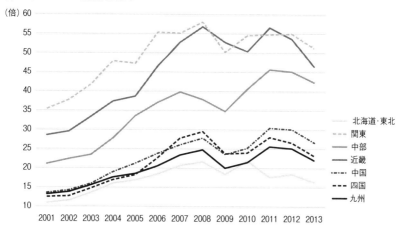

出典：「県民経済計算年報　平成28年度版」内閣府経済社会総合研究所，国民経済計算部編から筆者作成

四国，北海道・東北は15～25倍程度であり，40～60％の行政サービス生産性に留まることがわかります．

実は，北海道の訪日観光客は，全国平均を上回っている

北海道の訪日観光客の伸び率は全国平均を上回っており，そのシェアも東京都，大阪府に次いで全国3位の人気です．一方，北海道のホテルの稼働率は，安定的に70％程度で全国平均を上回りますが，旅館の稼働率はハイシーズンでも30％台であり，通期でみると30％以下になる現実があります．

➢ 平成27年 北海道のホテル，旅館の定員稼働率

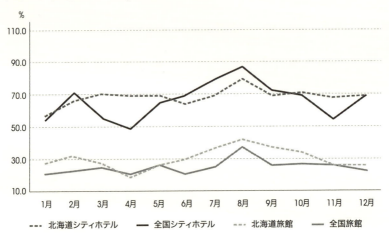

出典：SPEEDA

旅館の稼働率は，全国的にも通期20％〜30％台に留まる

　訪日観光客のホテル選好度が高いのは，北海道だけではありません。全国的にシティホテルやビジネスホテルの稼働率は50〜70％と比較的高めですが，旅館については閑散期が20〜30％台，繁忙期でも50％未満です。

➢ 宿泊施設別の定員稼働率推移

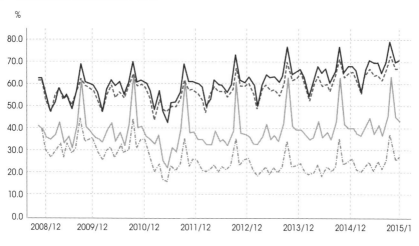

出典：SPEEDA

北海道の小規模旅館が「捨てられる」構図

　北海道には旅館業法上の宿泊施設数が4,830施設あります（平成29年3月時点）。その内訳は，ホテル695，旅館2,241，簡易宿泊所1,894ですが，従業員10名以上は665施設しかありません。実に，宿泊施設の86％は，従業員9名以下の小規模施設なのです。

　小規模旅館では団体旅行を主催するエージェントからの集客は望めません。また，地方自治体も財政難のため，仮に財政支援したくとも予算を確保できないのが実情です。こうして資金難と人材不足のため有効な集客施策・販売促進施策を打てずに，小規模旅館は低稼働率から脱せず，高齢化した経営者が体力と気力の限界から，廃業をせざるを得ない構図になっています。結果，北海道内の旅館数は右肩下がりで減少しています。

➤ 北海道旅館数推移

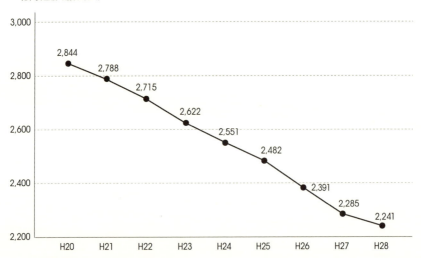

出典：北海道経済部観光局「北海道観光の現況2017」

一方，国際化する Hokkaido 旅行人気は右肩上がり

　Google 検索データによれば，世界における「Airbnb & Hokkaido」の検索回数は，2013年3月以降右肩上がりです。これは民泊での Hokkaido 観光旅行の関心の高さを示しています。実際，北海道内のエアービーアンドビーホスト数は720名，掲載件数は1,749件に上ります（平成29年4月1日時点）。

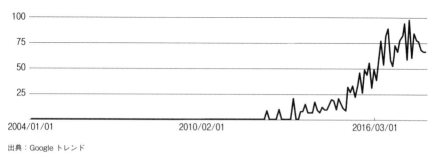

➢「Airbnb & Hokkaido」検索数の伸び

出典：Google トレンド

2　なぜ，民泊市場は急拡大したのか？

　民泊最大手のエアービーアンドビーの日本でのホスト数は14,000人，物件数51,000，利用した訪日外国人は400万人に上り，民泊市場は急拡大しています（平成28年5月時点）。

　民泊業の合法的要件が施行された2018年6月から，民泊市場が解禁されましたが，営業日数の上限，地域の条例制定，宿泊客のマナーや運営でのトラブルなど課題は多いのが実情です。

　ここでは，「なぜ，民泊市場はこんなにも急拡大しているのか？」に焦点を定め考察します。

> 日本におけるエアービーアンドビーホスト数の伸び

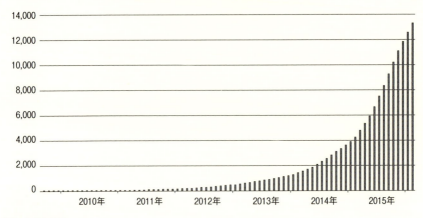

出典：BnB Insight

海外個人旅行者が，おもてなしプレイヤーを選別するパーソントリップ2.0時代

　民泊プラットフォーマーの提供するシステムはＢ２Ｃ型e-マーケットプレイスであり，同様なシステムは以前から存在していました。

　Lecture 01で述べたように，民泊ビジネス急伸の背景には，すべてのステイクホルダーの間に２つのパラダイムシフト，「民泊おもてなしの作り手と受け手」「民泊プラットフォームプロバイダーとおもてなし起業家」がうまくマッチングしたパーソントリップ2.0化があります。自らインターネットで意図を持って検索を行い，宿泊先を決定するのはFITの行動特性です。そのニーズに対する民泊提供サイドの日本人特有の繊細なおもてなし精神が，おもてなしプレイヤーの個性に多様化と質の向上をもたらしました。

　民泊プラットフォーマーは，そのような個人おもてなし起業家とFITとの親和性に着目し，起業家自身がおもてなしをプレゼンテーションできるプラットフォームを提供しました。さらに，個人でも簡単に宿泊施設を運営できるあらゆる関連サービス（予約，チェックイン，鍵の引渡し，清算，部屋の掃除，ゴミだしなど）をXaaSとして提供できる柔軟性をサービス業者に与えました。

この点が，既存のe-マーケットプレースのシステムと大きく異なります。

また，「自分がどれ程すごいワオ体験をしたか！」を発信することは，ステルスマーケティングと疑われるため，初期SNSでは拡散が難しかったのですが，SNS成熟期では信頼関係を構築したコミュニティー型インフルエンサーが登場しました。情報の受け手も，その真意を見極める情報リテラシーを身に着けたため，「いいね」やリツイートを自身の判断で行うインターネット文化が形成されました。SNSの成熟化は，おもてなしの受け手が売り手に代わって情報発信する強力なデジタル価値連鎖を生み出したのです。

歴史のある老舗旅館が人知れず廃業する一方，FITたちはデジタル価値連鎖のコトモノ財の作り手，受け手の二面性の顔をのぞかせながら，奇抜なおもてなしアイディアにあふれる民泊体験の伝達媒体となる時代になったのです。

3 おもてなしアイディアに商機を見出す起業家

海外個人旅行者が日本のおもてなしとワオ体験を探索する時代になったことをいち早く捉えた「おもてなし起業家」は，その顧客ニーズに多様なコトモノ財情報を提供することに注力し，独創的な商機を創出しています。

「おもてなし起業家」のスタートアップ手法そのものが付加価値源泉化

おもてなし起業家がXaaSを利用すると，どこに付加価値源泉が発生するのでしょうか？ おもてなし起業家を「ハコモノ起業家」と「民泊起業家」に分けて，スタートアップ手法を比較してみましょう。

> 「ハコモノ起業家」のスタートアップ法

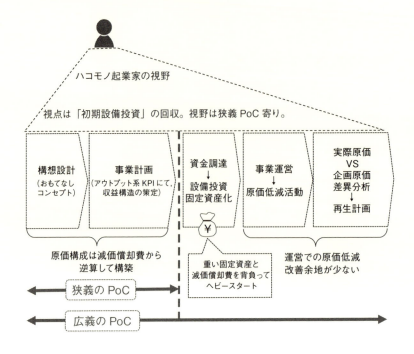

　大きな初期設備投資を前提とした事業計画を作成するため，必然的にその減価償却に耐えうる売上計画になります。経営指標は，営業利益率，ROE, ROAなどの期末に評価を行う「アウトプット系KPI（Key Performance Indicator：重要業績評価指標）」を用い，初期固定資産投資を回収する前提で作成されます。

　このような事業計画では，原価構造が固定資産減価償却費の回収ありきで決定されるため，事業運営がうまくいかない場合，運転資金捻出の原価低減の余地も乏しく，償却費に耐えられなくなるリスクが高いのが特徴です。

> 「民泊起業家」のスタートアップ法

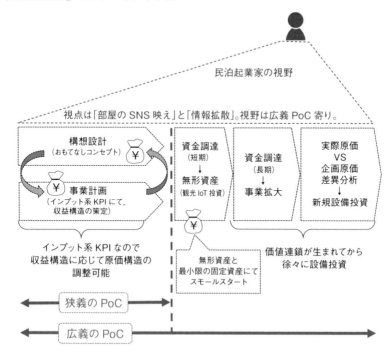

　民泊起業家の視点は「部屋単位の収支と原価」です。オペレーション外注化率などリアルタイムで費用変動化 or 固定化を調整できる「インプット系 KPI」にて運営評価を行い，運営費に応じた短期資金で資金循環の構築を最優先とする「部屋単位」の収益計画が基本です。

　SNS 映えする多様なコトモノ財アイディアの仕掛けの中から芽が出そうなものが生まれると，オペレーション外注化 KPI にレバレッジをかけて，SNS 上での情報拡散を一気に狙います。収益循環が軌道に乗ったところで事業拡大や新規設備投資を行うので，最小限の固定資産でスモールスタートアップできるのが特徴です。

旅館再生に民泊プラットフォームを利用する逆転の発想

　本書は決して,「旅館 vs 民泊」という対決構図を述べているのではなく,旅館の再生手法として民泊プラットフォームの活用に注目しています。民泊プラットフォームを逆手に利用した旅館やレジャーホテルなどの再生は効率的だからです。

　既存の旅館業法,旅行業法に基づくおもてなし業者が,民泊起業家や着地型観光アイディアに対抗するには,観光 IoT プラットフォームを利用し,そのユーザーに徹することです。

　ハコモノ経営のおもてなし業経営者が,観光 IoT というデジタル革命時代の新おもてなし経営概念を知れば,PoC や API 連携などこれまでの発想とは異なった再生手法を思いつくかもしれません。

　また,新興おもてなし起業家は,アゴ,アシ,マクラ,コト商材の中から,自身の生業とする個性的な「コトモノ財」創出に注力できるでしょう。FITはそのようなおもてなし起業家のプレゼンテーションを見て「ジャケ買い」し,そのおもてなしに満足した顧客は,SNS でその情報を発信してくれます。

Case >>>

持たざる経営,省人力化にシフトする大手ホテルチェーン

　民泊おもてなし起業家のネット上の XaaS を活用したスタートアップ手法は,大手ホテルチェーンにも影響を及ぼし始めています。

■不動産大手キャピタランド「持たざる経営にシフト」
　中国で 2 万室の「アスコットホテル」を展開するシンガポール政府系の不動産大手キャピタランドは,中国で運営するショッピングモールなど 20 施設を売却しました（2018 年 1 月 5 日発表）。
　背景には,ネット通販の台頭により実店舗の売上が減少に転じたことか

ら，これまでの中国市場における固定資産への積極投資から，「ホテル運営受託業務」の拡大へ，ビジネスモデルの変換を進める意図があります。

■旅行会社 HIS が仕掛ける「変なホテル」にみる省人力化

恐竜型フロントロボット，クロークロボ，コミュケーションロボが接客することで話題となった HIS が運営する「変なホテル」。

100室規模のホテルでも，社員2人，アルバイト5人の7人で運営が可能になり，人件費は普通のホテルの3分の1になるといいます。現場でのロボット達の学習効果はさらなる省力化を促す，という強みで多店舗展開してゆくと考えられます。

4 パーソントリップ市場で PoC 優位性を確立する意義

PoC（Proof of Concept）とは，新しいアイディアや概念の実現可能性を示す「概念実証」を意味します。もともとは IT 用語であり，ソフトウェア開発のプログラミングに入る前の要件設定，デザイン設計を意味しました。しかし，現在では設計という概念が必要なあらゆる業界においてこの PoC は汎用的に使用されています。

「狭義の PoC」は概念の実現化を重視した立ち上げフェーズ，「広義の PoC」は概念実現化後の保守運用フェーズまでを意味します。ホテルや旅館などの観光施設のスタートアップには，初期投資リスク，運転資金ショートリスクが常に存在しますので，広義の PoC の経営視点が必須といえます。

デジタル化社会が生み出した「広義の PoC ビジネス」

新デジタル技術は，その革新性のため既存の法律や規制では運用できないジレンマを引き起こしました。仮想通貨や自動運転が商業化するには，既存の法律体系を大きく改正もしくは新規に作成しなくてはならず，相当な時間がかかります。

➢ 仮想通貨，自動運転に関連する法律や規制

人工知能の
法的人格は？

自動運転中の事故責
任は誰がとる？

仮想通貨対応
✓ 資金決済法の改正
✓ 収益移転防止法の改正
✓ 個人情報保護法の改正
✓ 割賦販売法の改正
✓ 消費税法の改正
✓ 中間的業者の規制

自動運転対応
✓ 道路交通法
✓ 道路法
✓ 道路運送車両法
✓ 自動車損害賠償保障法
✓ 民法
✓ 刑法
✓ 製造物責任法

　民泊など多くの新しいサービス業は，市場の急拡大に既存業界を包括する規制法の変更や新たな法整備が追い付いていません。幸いにも，デジタル革新技術を用いた新ビジネスには，サンドボックスという現行法律に対する法的猶予を認める社会的コンセンサスがあり，商業化しながら法律や規制を整備できる余地があります。

　旅行業法によれば，「社会性をもって継続反復されているもの」と認識されない個人による宿泊場所提供は，個人の趣味などの範疇です。ここで問題なのは，何をもって「生業」と「趣味としての個人的取引」とを区別するのか明確な提示がないことです。

　したがって，プラットフォームの提供者は，自身の提供するサービスの適法性について合理的な説明責任を有し，ユーザーや社会に説明する義務が発生します。

　ここで，デジタル革新技術による新ビジネスは「広義のPoCビジネスチャンス」と捉えることができます。未成熟な法体制下にてその適法性を自ら説明し，仕組み作りするチャンスが与えられるからです。

➢ 新デジタルサービスの適法性を自ら説明する優位性

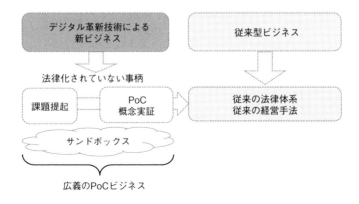

ソフトバンクがウーバーとアーム社の株主になる4つの狙い

　ソフトバンクは，米ウーバーテクノロジーズの株式を15％取得（2018年1月19日発表），英アームの全株式を取得（2016年9月30日に実施し，その後，約24.99％をソフトバンク・ビジョン・ファンドに移管）しました。さらに，ソフトバンク傘下のアーム社がDMPリーダー企業であるトレジャーデータを買収しました（2018年8月3日）。パーソントリップ2.0の視点から4つの狙いが見て取れます。

狙い①　パーソントリップマッチングプラットフォームの入手
　ウーバーはタクシーのシェアリングシステムの最大手です。タクシードライバーが目的地を同じくする乗客を認識し，シェアライドさせることにより，移動距離と人や物の移動を効率化させました。すなわち，移動体（＝乗客）と移動体（＝タクシー）のニーズと位置情報のリアルタイムマッチングプラットフォームを入手しました。ここに，アーム社傘下のトレジャーデータの「個人の位置情報」「個人の趣味嗜好」のDMPを組み合わせれば，強力なパーソントリップマッチングプラットフォームが提供できます。

➢ ウーバー × トレジャーデータ＝Ｃ２Ｃ リアルタイムマッチングプラットフォーム

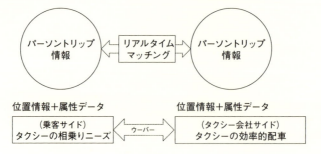

狙い② アーム社の通信 IoT インフラの入手

　アーム社の強みはモバイル末端機器用の LSI 半導体であり，IoT デバイス，クラウドインフラ，通信インフラ，セキュリティインフラまで，広範なネットワークサービスをワンストップで提供することができます。

➢ アーム社の強み

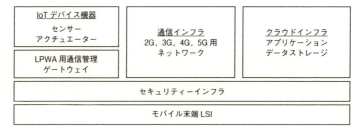

狙い③ 自動運転プラットフォームの入手

　自動車の頭脳は ECU（Electric Control Unit）の集合体です。アーム社が設計する LSI 半導体は，画像処理系，アクチュエーター系，通信系などの制御機能を進化させたものです。Cortex シリーズは，自動車のモータ制御，パワーステアリング，ECU などに用いられています。

　ソフトバンクが目指す自動車の自動制御や自動配車機能の汎用化には，LSI

レベルでのIoT制御が必要です。ソフトバンクにとってアーム社を傘下にすることは，アーム社の「IoTネイティブ」な開発をいち早く自社の機器やシステムに取り入れ，その技術を掌握する点において大きな意義を持ちます。

今後は，人口眼，反射系，判断系，制御系を中心に，さらにIoTネイティブデバイスの機能統合が進むと予測されています。

> 車内通信規格

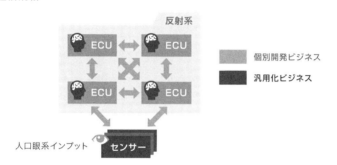

> 車外データ通信規格

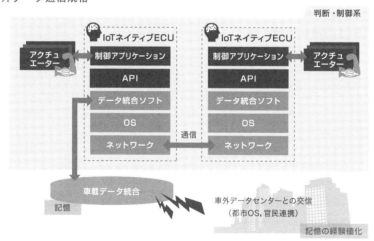

狙い④ 「広義のPoC型ビジネス」におけるプラットフォーム先行優位性立証

ソフトバンクがシェアリングサービスに参入するメリットは，パーソントリップマッチングや自動運転等の新サービスにおいて主導権を持ち，未整備分野の法律化や規制化に影響を及ぼせることです。

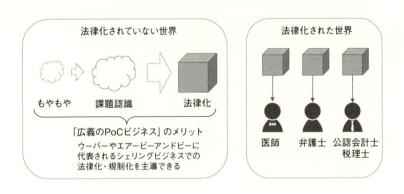

5 「定量化モデル③：顧客ナーチャリングモデル」に必要な5つの技術要素

パーソントリップ技術とは，「個人の位置情報」と「個人の趣味嗜好」のデータマッチング技術です。パーソントリップ2.0化プラットフォームにおいて個人レベルで選好されるためには5つの技術要素が必要です。Lecture 04 〜 05にて各技術要素を詳述します。

技術要素①：パーソントリップデータ収集技術（Lecture 04）

膨大なインターネットのデータ世界の実需を生み出す種となる情報を，どこから，どのように得るか，が焦点になります。

WEB APIを公開しているサイトからは，JSONやXMLなどの標準化された構造体で収集する方法と，任意のWEBから情報を抽出するWEBスクレイピングがあります。

技術要素②：データの抽出と加工技術（DMP 技術）(Lecture 04)

実際のビジネスユースに即したデータの抽出と加工によって，ベクトル化，構造化を行います。Lecture 04 のビジネスユースにみるように，サービスの買い手と売り手のマッチングを最適化させるためのデータの選択を行い，SQL を用いて1次データレイクを洗練化させる技術工程です。

技術要素③：AI コグニティブ技術 (Lecture 05)

AI コグニティブアルゴリズムを用いて，リアルタイムにて確度の高い問題解決情報を認識する技術です。パーソントリップデータの買い手と売り手の「データの賞味期限」により，AI コグニティブエンジンが認識するデータマッチングの精度は大きく異なります。これにより，2次データベースが形成されます。

技術要素④：機械学習技術 (Lecture 05)

機械学習の AI アルゴリズムを用いてリアルタイムにてパーソントリップデータの時系列分析を行い，確度の高い問題解決情報を提示する技術です。パーソントリップデータの買い手と売り手の時系列データの分析によって，需給マッチング予測精度が高まります。2次データベースの精度向上に用いられます。

技術要素⑤：API 連携技術 (Lecture 05)

API エコノミーは，XaaS のシステム連携に柔軟性をもたらしました。必要な機能を提供してくれる有償，無償の XaaS API を選択しつなげることをプラグ&プレイと称します。ただし，API 連携には，「連携するデータが構造化されている」という基本的ですが難解な前提があります。現状では，非構造化データを API 連携するためには，トライ&エラーによる作業が必須です。あらゆるクラウドプラットフォーム，アプリケーション，オペレーション業務データベースを血液のように流れるデータ構造が標準化されると，API 連携は容易になります。

API エコノミーによる"つくる"から"つなげる"へシステム開発の省力化

　シェアリングプラットフォームを可能にしたのは，非自前主義のデジタル社会インフラによって生み出された API 経済圏（API エコノミー）です。他社ビジネスやアプリケーション，IoT などの多様な最新デバイス間を接着剤のように連携させる API（Application Programming Interface）を活用して，デジタル価値連鎖は構築されます。

　多くの企業も自社で開発したアプリケーションの API を積極的に公開して，他社とのデータ連携，ビジネスフロー連携を推進しています。

API 連携の例：ウーバーのプラットフォーム

　タクシーシェアライド最大手であるウーバーのプラットフォームによって，個人の位置情報と趣味嗜好データがリアルタイムマッチングできるようになりました。着目すべきことは，ウーバーはすべてのサービスを自社開発したのではなく，API エコノミーによるプラグ＆プレイによってスピーディーに結合したことです。

➢ ウーバーの API エコノミー

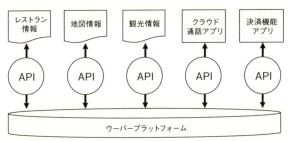

Case >>>

中小ホテル・旅館を支援する XaaS スタートアップ企業

　中小ホテル・旅館が民泊起業家に対抗できるように，XaaS スタートアップ企業が業務支援を行う事例が増えてきました。XaaS スタートアップ企業は，AI による SNS マーケティングやクラウドソーシングによる業務一括受託など，高度なデジタルリテラシーを必要とするオペレーション業務をハードからソフトまで代行してくれます。中小ホテル・旅館にとって XaaS スタートアップ企業は心強い味方です。

■宿泊料金設定サービス
- マジックプライス（https://www.magicprice.co/）（運営：空）
  地域の宿泊需要動向をネットで収集分析し，地域や季節に応じた最適宿泊価格を提示する。
- メトロエンジン（https://web.metroengines.jp/）（運営：メトロエンジン）
  SNS 上のレビューを AI が分析し，宿泊客の行動予測による客室単価を提示する。

■全オペレーションオールインワン型サービス
- ミスタースイート（https://www.mistersuite.com/）（運営：SQUEEZ）
  集客，予約管理，清掃，顧客対応，施設管理まで，民泊施設，中小ホテル，旅館にオールインワンサービスを提供。

■24時間多言語対応チャットボットサービス
- Bebot（https://www.bebot.io/）（運営：ビースポーク）
  外国人宿泊客を対象に AI を用いたチャットコンシェルジュサービス。英語，中国語での質問やリクエストに対して，24時間365日体制でリアルタイム返答。オプションで，旅マエ，旅アトでの顧客満足度向上のための対応も可能。

パーソントリップ2.0時代のおもてなしプレイヤーの生き残り術

　モバイル端末は「ヒトのIoTデバイス」として，個人の趣味嗜好データから位置データまで収集し，インターネット上にビッグデータを形成します。そのデータは，おもてなし提供者がプレゼンテーションするターゲットを見つける重要な経営資源となるため，顧客ナーチャリング技術が生き残りには必至です。

　旅マエから旅アトまでの膨大なパーソントリップデータからターゲット顧客を導き出し，具体的なおもてなしニーズの相互マッチングを効率的に行うデジタルプラットフォームを手段として，顧客ナーチャリングを行うこと——これがデジタル化社会のおもてなし業を変革する観光IoTの本質です。

　クラウド技術が成熟化し「なんでもサービス化（＝XaaS）」が普遍化したこと，また時期を重ねてSNSが成熟期を迎え，個人インフルエンサーが出現したことは必然でもあります。技術革新のスピードは，わずか2～3年で収束点に達し，次の革新技術が生まれる時代です。

　しかし，ヒトがヒトをもてなす心は，どんなに技術革新が進んでも不変でしょう。デジタル革命時代において，巨大ホテルチェーンが多額のICT投資を行い生き残りを図るのは合理的です。しかし，中小規模施設が潜在顧客発掘のために，過度なICT投資を行うことは本末転倒です。

　非自前の利他主義に徹して，デジタルベンダーをつなぐ価値連鎖を編み出すのも戦略でしょう。固定資産への初期投資リスクを回避しながら，デジタルインフラを逆手にとって，再生にチャレンジすることを観光IoTは可能にします。

Lecture
03

個人の位置情報と趣味嗜好データのマッチング手法

1 パーソントリップ2.0化が付加価値源泉化する業態の共通点

　本書では，パーソントリップ2.0化の代表として「観光業」「越境EC」に着目しています。観光IoTと越境ECは，デジタルな無形の付加価値源泉から，実需を創出する業態として最も理解しやすいからです。その他でパーソントリップ2.0化すると予測される産業には，2つの共通点があります。
① 2つのO2O（One-One, Online-Offline）におけるオムニチャネル型デジタル価値連鎖にて実需創出すること
② 個人対個人の取引ニーズをより精緻に結びつけるテクノサービスプレイヤーであること
　オムニチャネルは実店舗とECショップなど多様な顧客接点を持ちます。オムニチャネル型プレイヤーがシェアリングサービスプレイヤーと提携し，「個人と個人を結ぶ」パーソントリップ2.0業態への進化が加速しています。
　金融，運輸，自動車，鉄道，外食，エンターテイメント，ファッションや装飾品などの小売業，不動産仲介産業，医療，介護，教育，住民サービスなどもパーソントリップ2.0化することが合理的に予測できます。業界横断的な社会インフラとして，スマートシティインフラ（ハード），都市OS（ソフト），情報銀行（個人データのオープンソース化）などの開発が，産官学金連携で包括されてゆく時流にあります。
　したがって，「社会インフラ化（＝社会資本化）」されるもの以外の部分で付

加価値を創出する必要があります。例えば，個人の消費データや位置データをログ状態で取引する1次個人データベンダーは淘汰されるでしょう。彼らには，DMPベンダーへの進化など新たな付加価値源泉への挑戦が求められるでしょう。

Case >>>

オムニチャネル型パーソントリップ2.0化

■提携先として引く手あまたのエアービーアンドビー

　全日空はエアービーアンドビーと航空券＋宿泊先予約サイトを共同運営する（2017年11月6日発表）。JTBや楽天からはすでにホテルや旅館などの共同提案を行ってきたが，民泊業者が増えたことで旅行の一体型提案の多様性が増すという。エアービーアンドビーは，体験型プランも多く提案できるため，個人が体験した旅行の目的，移動手段，宿泊先のフォーマットが簡単に作成できる。エアービーアンドビーの主な提携先は，パソナ（民泊業務の人材育成），エボラブルアジア（高級ホテル・旅館の予約），みずほ銀行（取引先の保有物件を民泊用に紹介）となり，エアービーアンドビーは多様な市場を浸潤し始めている。

■楽天　ブッキングドットコムと提携にてエアービーアンドビーに対抗

　楽天は旅行予約サイト世界大手のブッキング・ドットコム（オランダ）と民泊事業で業務提携した（2017年12月11日発表）。楽天と不動産住宅情報サイト「ライフルホームズ」を運営するLIFULL（ライフル）の共同出資会社，楽天ライフルステイは民泊の仲介サービスと部屋の貸し手の運営代行への参入を表明している。また，楽天はこれまで中国最大手の途家（トゥージア）や米エクスペディア子会社のホームアウェイなどとも同様の提携を表明している。

2 「個人の位置情報」と「個人の趣味嗜好」のマッチング手法

「データの構造化処理」と「魚影探知機」の仕組み

　観光 IoT の中を流れるデータを血液に例えるならば，様々な臓器（＝機能）をプラグ＆プレイで機能させるためには，血液型を同じ（＝構造化データ）にする前処理が必要です。さらに，漁業で例えるなら，インターネットという大海原から潜在顧客を探りあてる「魚影探知機」が必要になります。観光 IoT は 5 つのデータ構造化処理にて高精度での魚影の探知を可能にします。

① **個人の位置情報の特定：**

　ヒトの位置情報は，モバイル端末によって特定されます。モバイル端末の「緯度・経度・高さ」情報は，立方体プローブとして認識され，他のレイヤーと主に緯度経度情報にてマッチングされます。

② **緯度・経度・高さレイヤーの規格化：**

　地図上の地形（山，川など）や構造物（橋，トンネルなど）の静的位置情報は GIS（Geographic Information System：地理情報システム）情報として緯度・経度・高さ情報が提供されます。動的構造物は，その特徴に応じた LDM（Local Dynamic Map）レイヤーにて，その緯度・経度・高さ情報が提供されます。

③ **テレマティクスエンジン：**

　ヒトとヒトのマッチング，動体と動体のマッチング，静的構造体の特定距離圏内に入ったヒトのマッチングなど，「緯度・経度・高さデータ」とあらゆるレイヤーをリアルタイムでマッチングさせます。テレマティクスは「魚影探知機」として機能します。

④ **地域のおもてなしレイヤー：**

　地域が潜在顧客をナーチャリングしてゆく様々なアイディアを具体化するレイヤーです。例えば，「名湯めぐり」「グリーンツーリズム」から「ア

ニメ聖地巡礼」「廃駅めぐり」などのマニアックなものまで，アイディアはレイヤー上の緯度・経度・高さ情報マトリックスとして提供されます。

⑤ **DMPベンダーによる潜在顧客データ処理：**

DMP（Data Management Platform）は，APIやスクレイピングによって日々新鮮な情報を収集します。インターネット上の許可されたリソースから個人の趣味嗜好データを非構造化データとして自動収集し，必要に応じて問題解決情報を導く高い構造化データを生成します。

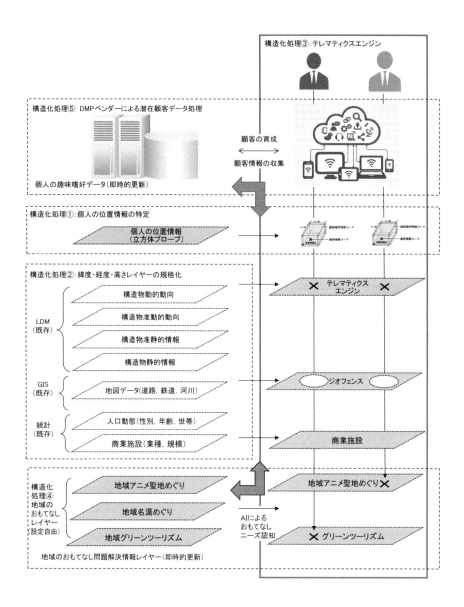

Lecture 03 個人の位置情報と趣味嗜好データのマッチング手法

構造化処理①：個人の位置情報の特定

個人の位置情報はどうやってわかるのか？

　個人の位置情報は「緯度・経度・高さ」で特定されます。モバイル端末を持つ個人の位置情報は GPS によって「経度・緯度・高さ」という場所情報コードに変換されます。この情報に番号を連番で付与することにより，「経度・緯度・高さの3軸の立方体プローブ」の軌跡は GIS ログになります。それらは，モバイル端末のクッキー ID で紐づけされ，個人の位置情報はリアルタイムで捉えられます。

> 個人の位置情報「緯度・経度・高さ」の決定方法

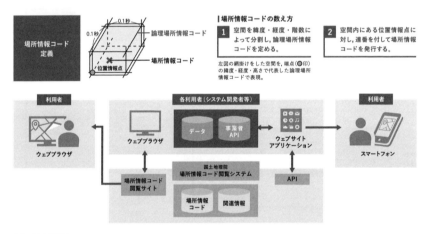

出典：国土地理院

➢ 個人の位置情報は立方体プローブで捉えられる

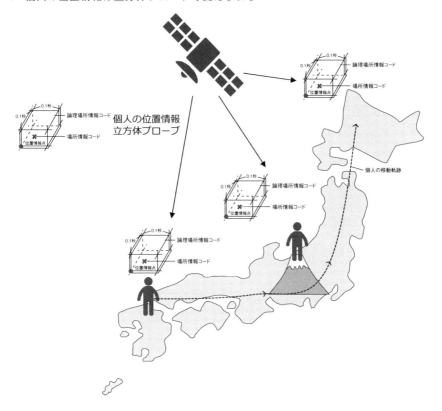

▶ポイント
- 地図や構造物の位置情報レイヤーは,緯度・経度・高さで提供される
- 個人の位置情報は,緯度・経度・高さレイヤーの「立方体プローブ」で表される
- 個人を表す立方体プローブと,位置を合わす緯度・経度・高さレイヤーとのマッチングが基本ロジック

構造化処理②：緯度・経度・高さレイヤーの規格化

地図情報の規格構造

地図情報は，LDM や GIS 型用途別にすでに規格化されています。

例えば，カーナビゲーション（LDM モデル）では，動的情報レイヤー，准動的情報レイヤー，准静的情報レイヤー，静的情報レイヤーがありますが，それぞれのレイヤーがターゲットの緯度・経度・高さのマトリックスデータの集合体です。カーナビゲーションは，車の緯度・経度情報と各レイヤーの緯度・経度情報のリアルタイムマッチング表示を行います。

> カーナビの LDM レイヤー規格

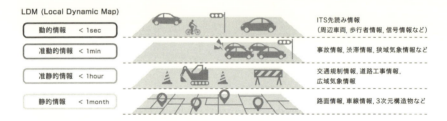

LDM，GIS，その他統計レイヤーと個人位置をマッチングさせる仕組み

LDM や GIS レイヤーでの緯度・経度と，個人の位置情報をマッチングさせる技術がテレマティクスエンジンです。例えば，LDM 動的情報レイヤー上で，個人とタクシーの緯度・経度情報マッチングを実現させたのがタクシーシェアライドです。また，GIS レイヤー上で静的施設の周りに特定距離のジオフェンスをはり，そのエリアに入った個人に対して，プッシュメールによるクーポン送付などの One-One マーケティングを行えます。

▶ポイント
- GIS, LDMデータは，規格化された地図や構造物の緯度・経度・高さ情報レイヤーである
- それぞれの地図・構造物別のレイヤー構造によって，静的，動的構造物の緯度・経度・高さマトリックスデータと，統計データレイヤーの付加が可能

Column
「高さ情報」マイニング競争は実現するか？

「緯度・経度・高さ」のプローブ情報の中でも，実は「高さ」情報は未だに人海戦術によります。土地の標高情報は，国土地理院が定めた全国約17,000か所ある水準点を起点に，標尺という物差しを2地点に立てて，目盛りの差分を読み取るという地道な作業の積上げで構築されたデータです。従来，自然災害などで既存の水準点が破損した場合，このアナログ手法による測量作業にかかる時間やコストが，道路復旧の妨げになっていました。そのため，国土地理院は新たな計測システムを2023年までに導入する予定です。

新たな標高測定システムは，「全国に約1,300か所ある電子基準点」「GPS衛星みちびき」「重力データを精密に計測できる機器」の3つの位置関係から標高を算定します。標高の測定は測量法によって厳密に定められているため，測量技師免許を持つ有資格者が測量地点に出向く必要がありますが，この作業も2.0化することは容易に予測できます。一般の登山者やツーリストが持つモバイル端末を「重力データ計測用IoT機器」として活用すれば，レギュレーションセキュリティー対応型ブロックチェーンで信用できる標高情報を集積できるからです。地下や地中情報まで含めるのなら，文字通りの高さ情報マイニング競争が起こるかもしれません。

構造化処理③:テレマティクスエンジン

ヒトの位置 vs ヒトのニーズをマッチングさせる仕組み

テレマティクス(Telematics)とは,モバイル端末などの移動体通信システムを利用して提供するサービスの総称です。テレマティクスエンジンは,個人の位置情報(緯度,経度,高さ)をLDMレイヤーやGISレイヤーとマッチングさせるエンジンです。

ヒトのニーズと位置情報のリアルタイムマッチング

テレマティクスエンジン搭載のBIツールを導入すると,タクシーの乗客の性別から年代別分析まで行え,単位時間ごとの売上分析まで見える化することができます。

> タクシー配車を行うテレマティクス

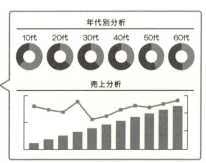

ジオフェンスは,ヒト×商業施設のマッチングエンジン

ジオフェンスとは,GISレイヤー上に設定することができる電子的な位置検知網です。例えば,「自身のおもてなし施設から半径5km」という「ピンポイント型ジオフェンス」や,特定の地方自治体や市区町村のエリアを検知

する「エリア型ジオフェンス」があります。訪日観光客の携帯SIMログや検索ログから嗜好性データを取得し，その顧客の動的位置情報に対してO2O（One-One, Online-Offline）マーケティングを行います。

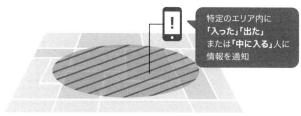

ピンポイント型ジオフェンス

特定のエリア内に「入った」「出た」または「中に入る」人に情報を通知

エリア型ジオフェンス（地方自治体～市区町村）

特定の地方自治体～市区町村のエリアに入った人に情報を通知

ジオフェンスによるDMO広域観光圏プロモーション

「WEB，SNSを用いた情報発信と集客プロモーション強化」を掲げる自治体やDMOは多いため，観光施設などのピンポイント型ジオフェンスとエリア型ジオフェンスと連携した「観光圏」を設定します。

このような，ピンポイント型ジオフェンスとエリア型ジオフェンスを組み合わせたプッシュ型MAの適用は，各地域汎用的なプロモーションモデルとして有用です。

観光圏をピンポイント型・エリア型ジオフェンスで囲む施策

■ ピンポイント型ジオフェンス　■ エリア型ジオフェンス

▶ポイント
- 個人の立方体プローブ情報と複数のレイヤーマッチングが，テレマティクスエンジンが行う基本ロジック
- 任意の LDM レイヤー，GIS レイヤー，地域のおもてなしレイヤーを複数選択し，個人情報とマッチングできる

構造化処理④　地域のおもてなしレイヤー

情報データの収集法と構造化

BI ツールは，経営分析の見える化ツールとして汎用的に使われます。しかし，「その分析結果から何が言えるのか」は分析者の主観に依存し，問題解決情報を提示もしくは示唆する客観的分析ツールではありません。

多様なメタデータのアノテーション

リベラルアーツテックにて問題解決方法の提示を得るためには，使用するメタデータへの多様なメタタグ（属性）付けの前処理が必要です。この前処理工程（＝アノテーション）が，潜在顧客との嗜好性マッチングエンジンの精度を決定づけます。

例えば，訪日観光客の地域間人口流動を分析するときに，性別，年齢情報

などの統計データの他に，気温データレイヤーやイベント情報レイヤーなどの付加価値レイヤーの設定が問題解決情報提示の精度を高めます。

テレマティクスエンジンは，個人の位置情報と潜在顧客の趣味嗜好のマッチングによる問題解決情報の見える化ツールと言えます。

➢ メタデータのアノテーションの多様性

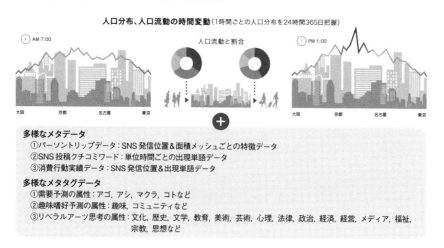

様々なアイディアレイヤーとして「構造化処理④：地域のおもてなしレイヤー」を設定すれば，どのような趣味嗜好を持った潜在顧客が自身の地域や施設の情報を求めているか，という問題解決情報を得られます。

構造化処理⑤　DMP ベンダーによる潜在顧客データ処理

DMP は，「インターネット上に蓄積された様々な非構造化情報データを，構造化して管理するためのプラットフォーム」です。DMP と情報データ収集とは異なりますが，分業によって様々なデータを収集し，構造化させ血液サラサラの状態にして，観光 IoT プラットフォームに処理負担の軽いデータを供給します。Lecture 04 で詳説します。

Lecture 04 ビジネスユースケース別リベラルアーツテック

1　ビジネス要件を人工知能に理解させる共通用語

　具体的なビジネスアイディアをシステム開発会社に正確に伝えるためには，自身でビジネス要件を特定の書式の要件書に基づいてまとめます。IT要件書を通してデータベース設計者，プラットフォーム設計者，API連結開発者，運用アプリケーション開発者と意思疎通を図ります。ビジネス要件が曖昧なまま開発会社に丸投げしてしまうと，当初意図したものと異なったプロダクトが納品されるケースが見受けられます。自身のビジネスアイディアを具現化するためには，最低限のIT技術知識，財務会計知識，税務知識を経営的視点から理解することが必要です。

2　IT要件設計の流れ

　狭義のPoCフェーズでは「システム開発」，広義のPoCフェーズでは「運用設計」の視点から，それぞれRFP（Request For Proposal：提案依頼書），SLA（Service Level Agreement：サービス品質合意書）を策定します。

> 4つのIT要件書の策定

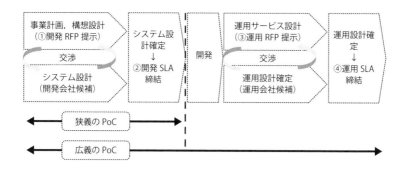

① 開発RFPの主な内容

1．概要	背景，目的，方針，課題，効果，現行システムとの関連，会社概要，利用者，予算
2．提案依頼事項	費用見積，提案範囲，業務詳細，外部調達，システム構成，品質・性能条件，納期，スケジュール，納品条件，マイルストーン，開発推進体制，開発管理，開発手法，開発言語，移行方法，トレーニング，保守条件
3．提案手続き	スケジュール，担当者，提供資料，参加資格条件，選定方法
4．開発条件	開発期間，作業場所，開発機器，使用材料の負担，貸与部材，提供資料
5．保証要件	システム品質保証基準，セキュリティ
6．契約事項	発注形態，検収要件，支払条件，保証年数，機密事項，著作権

出典：ITコーディネータ協会ホームページより筆者作成

② 開発SLAの主要内容

　法的拘束力のある契約条件を定め，契約期間中の開発プロセスの管理項目，管理指標，相互の役割を設定ならびに合意し，スケジュール，工数，予算等との差異がないことを担保するための契約書です。

1．適用範囲と適用期間	スケジュール，開発体制，コミュニケーション，セキュリティ，管理項目，管理指標	
2．本合意書の改訂	改訂に及ぶ契機の定義，変更に及んだときの手続き	
3．工程定義	①基本設計の定義：システム化要件の定義と確認，システム化方式設計と実現性の検討，業務システム仕様設計（プロセス機能，データ機能，インターフェイスデザイン，運用方式，セキュリティ，ネットワーク），カスタマイズ仕様検討，総合テスト計画 ②詳細設計：プロセス機能，内部構造設計，プログラム分割，カスタマイズ仕様設定，運用設計，統合テスト計画 ③プログラム開発：コーディング，単体テスト，パッケージのカスタマイズ ④結合テスト：プロセス単位の品質検証，プロセス間の連携テスト ⑤総合テスト：機能検証，運用性検証，業務並行テスト，本稼働への移行意思決定 ⑥検収：契約内容の完了確認，成果物の引渡し ⑦移行：移行資産の調査，移行方式の設計・テスト，移行ツール開発 ⑧研修：各種マニュアル作成，運用・保守・利用部門へのトレーニング	
4．スケジュールとマイルストーン	①基本スケジュール：基本設計，詳細設計，プログラム開発，結合テスト，総合テスト，検収，運用開始，移行，研修 ②マイルストーン：要件定義承認，システム仕様設計承認，詳細工程移行承認，詳細設計承認，プログラム開発，結合テスト承認，総合テスト承認，検収，本稼働判定，移行承認，研修，報告書（品質水準設定兼実績報告書，レビュー成績書，問題処理台帳，仕様変更管理簿）	
5．役割分担とコミュニケーション	①役割分担：開発実施計画書の作成・レビュー・承認，プロジェクト管理報告書の作成・レビュー・指示，会議議事録の作成・レビュー・承認，問題処理表の作成・回答・対応，要件定義ヒアリング・取りまとめ・レビュー・承認，詳細設計書の作成・レビュー・承認，プログラム開発，結合テスト計画書の作成・レビュー・承認，結合テストデータの作成，環境の作成，手順書の作成，結合テスト結果報告書の作成，承認 ②コミュニケーション：定例報告（プロジェクト進捗会議，開催頻度，報告内容），連絡体制	
6．セキュリティ	機密保持同意書，セキュリティシステム公表禁止，第三の所有物・著作物の利用禁止，データの管理，機器の管理，電子媒体の管理，文書の管理，RAS接続，データベースのセキュリティ，開発用機器のセキュリティ，変更管理，ウイルス対策，災害対策，セキュリティ監査，事件・事故発生時の対応	
7．管理指標	①工程別管理指標：レビュー回数，バグ予想件数，バグ検出数，基本設計書の変更回数，要件仕様漏れ件数，テストデータ件数，テストケースの網羅率，セキュリティテストケース数，UD要件レビュー回数，ユーザー満足度，レスポンス実測，スループット実測，資源使用率実測，開発標準の遵守率，平均バグ対応時間，未完了テスト項目数，マイルストーン期日±許容範囲 ②工程別管理指標目標値	

8．サービス品質管理	①サービスレベル保証値：アプリケーションソフトのバグ発生件数 ②ペナルティ事項：アプリケーションバグ保証が達成できない場合のペナルティ設定

出典：IT コーディネータ協会ホームページより筆者作成

③ 運用 RFP の主要内容

運用を外部委託するための提案依頼書です。

1．運用業務委託目的	外部運用委託の目的
2．委託範囲と内容	①委託するシステム範囲：販売管理システム，仕入在庫管理システム，加工管理システム，物流管理システム，会計システム ②委託する業務：システム運用，附帯するヘルプデスク機能 ③委託する業務内容と役割分担：ハード・ソフト・ネットワークの企画・調達，ハードの維持・管理，ソフトの維持・管理，ネットワークの維持・管理，サーバの日常オペレーション，サーバ・ネットワークの監視，セキュリティ監視，ヘルプデスク，障害時の連絡・リカバリ処理，アプリケーションの保守，クライアントの保守，帳票のユーザ配布，運用管理情報の収集・分析・報告・提言，消耗品の管理
3．運用サービス要件	①日常オペレーション：サービス開始・終了，システム監視，ジョブ監視，セキュリティ監視，資源監視，運用スケジューリング，バックアップ運用・管理，ログ運用・管理，ハウスキーピング，課金情報，資源管理情報 ②障害対応：ジョブ異常，システム異常，障害情報収集・分析，再発防止会議 ③導入・維持・保守：ハードの導入・維持・保守，ソフトの導入・維持・保守，定期保守管理，ネットワーク管理 ④運用管理：ユーザ管理，資源管理，課金管理 ⑤クライアント対応：ヘルプデスク ⑥セキュリティ：電子媒体の管理，文書の管理，RAS 接続，データベースのセキュリティ，運用機器のセキュリティ，変更管理，ウイルス対策，災害対策，セキュリティ監査 ⑦施設・設備：「特定システムオペレーション企業等認定制度」の取得 ⑧サービス開始時期 ⑨貸与物件，資料 ⑩保証要件 ⑪機密保持 ⑫費用・契約事項
4．提案依頼事項	サービス内容，サービスレベル保証，セキュリティ，引継ぎ・移行，運用体制・要員，トレーニング，コミュニケーション，費用・契約，会社情報

| 5．提案手続き | スケジュール，プレゼン日程（コンペ），採否連絡，担当者，提供資料，参加資格条件，選定方法 |

出典：ITコーディネータ協会ホームページより筆者作成

④ 運用SLAの主要内容

　法的拘束力のある契約条件を定め，契約期間中の運用プロセスの相互の役割や基準となる管理指標を設定ならびに合意し，運用スケジュール，工数，予算等との差異がないことを担保するための契約書です。

1．適用範囲と適用期間	外部への運用委託の目的	
2．本合意書の改訂	改訂に及ぶ契機の定義，変更に及んだときの手続き	
3．運用委託する範囲	①委託するシステム範囲：販売管理システム，仕入在庫管理システム，加工管理システム，物流管理システム，会計システム ②委託する業務：システム運用と，附帯するヘルプデスク機能 ③システム設置場所	
4．委託費用変更を伴う管理項目	①管理項目：クライアント数，運用時間，ヘルプデスクサポート時間，ヘルプデスク受付席数，ハードウェア，システムソフトウェア，ネットワーク ②測定方法：クライアント数，作業内容，作業負荷，直接人件費	
5．役割分担と運用内容	①役割分担：ハード・ソフト・ネットワークの企画・調達，ハードの維持・管理，ソフトの維持・管理，ネットワークの維持・管理，サーバの日常オペレーション，サーバ・ネットワークの監視，セキュリティ監視，ヘルプデスク，障害時のベンダー連絡・リカバリ処理，アプリケーションの保守，クライアントの保守，帳票のユーザ配布，運用管理情報の収集・分析・報告・提言，消耗品の管理 ②日常オペレーション：サービス開始終了，システム監視，ジョブ監視，セキュリティ監視，資源監視，運用スケジューリング，バックアップ運用・管理，ログ運用，管理，ハウスキーピング，課金情報，資源管理情報 ③障害対応：ジョブ異常，システム異常，障害情報収集・分析，再発防止会議 ④導入・維持・保守：ハードの導入・維持・保守，ソフトの導入・維持・保守，定期保守管理，マシン室環境管理，ネットワーク管理 ⑤運用管理：ユーザ管理，資源管理，課金管理 ⑥クライアント対応：ヘルプデスク，クライアント保守	
6．運用管理指標	①サービスレベル合意保証値：稼働率，レスポンス，故障復旧時間 ②ペナルティ事項：故障復旧時間の保証値に対するペナルティ ③インセンティブ事項：ヘルプデスクの回答率向上に対するインセンティブ ④報告事項：障害件数と対策状況，点検等のサービス停止時間，故障原因報告，トランザクション件数，夜間バッチ処理時間，データベース空き容量，テーブルスペース使用率，サーバCPU使用率，アンチウイルスパターン，不正アクセス数，アクセスログ分析，サーバ管理者パスワード変更，サービス延長回数，サービス延長時間	

7．体制とコミュニケーション	①運用体制 ②運用会議：システム運用状況の確認と問題点の共有化，解決策の検討 ③通常時の連絡体制：日常運用上の連絡体制 ④緊急時の連絡体制：トラブル発生時の連絡体制を，業務への影響度合いによってレベル①，レベル②に分けて運用
8．セキュリティ	機密保持同意書，セキュリティシステム公表禁止，第三の所有物・著作物の利用禁止，データの管理，機器の管理，電子媒体の管理，文書の管理，RAS接続，データベースのセキュリティ，開発用機器のセキュリティ，変更管理，ウイルス対策，災害対策，セキュリティ監査，事件・事故発生時の対応

出典：IT コーディネータ協会ホームページより筆者作成

3　リベラルアーツテック活用のビジネスユースケース

　ビジネスユースケースとして，データ連携図を提示することにより，どこから，どのような形でデータ収集し，どのような条件で抽出し，どのようなアルゴリズムで問題解決情報を認識させたいのか，システム設計意図を開発者に伝えます。

技術要素①：パーソントリップデータ収集技術

個人情報データを収集するための5つの情報ソース

　情報ソースⅠ型とⅡ型は自社で情報データを収集するのに対して，Ⅲ型〜Ⅴ型は，第三者によるデータ収集提供サービスです。

①情報ソースⅠ型：自社で販売サイトを持ち顧客データベースを持つ企業
　　　　　　　　（例：自社の販売サイトを持つ企業）
②情報ソースⅡ型：自社で検索や閲覧のためのポータルサイトを持つ企業。自社ポータルサイトのIDに対して，嗜好性や購買履歴データを紐づけできる（例：検索サイト，ナビゲーションサイト）
③情報ソースⅢ型：SNSなどのメディアへのクチコミデータ収集

④情報ソースⅣ型：無料アプリを提供し，消費行動を収集。無償アプリをインストールし，そのアクセス履歴から嗜好性やパーソントリップデータを収集
⑤情報ソースⅤ型：情報ソースⅠ型からⅣ型まで収集する情報収集特化型企業

➤ 顧客および潜在顧客に関するデータ収集法

潜在顧客ナーチャリングに必要なインプットデータとアウトプットデータ

　情報ソースⅠ型〜Ⅴ型のうち，最も有効なのは「情報ソースⅢ型(SNSクチコミ情報)」です。SNS上で個人発信される時系列データをインプットし，集団的行動を予測する定量化数式モデルで分析し，需要予測を問題解決情報の提示と潜在顧客データレイクをアウトプットします。
　通常作業で収集できる「フレッシュなSNS時系列データ」には3種類あります。

　▶メタデータ
　①　パーソントリップデータ：SNS発信位置&面積メッシュごとの特徴データ
　②　**SNS投稿クチコミワード**：単位時間ごとの出現単語データ
　③　**消費行動実績データ**：SNS発信位置&出現単語データ

リベラルアーツテックによる SNS ビッグデータからの有意データ抽出と予測分析のためのアノテーション（属性付与）

人工知能プログラム（R言語による生態学的ベイズモデル）が，統計学的予測を行うためには，ビッグデータからの有意なリベラルアーツデータの迅速な抽出ならびに，それらへの属性付与（アノテーション）が必要になります。フレッシュな需要予測を行うために付与すべき属性は，非言語的特性を意味するメタタグデータです。

▶メタタグデータ
① **需要予測の属性**：アゴ，アシ，マクラ，コトなど
② **趣味嗜好予測の属性**：趣味，コミュニティなど
③ **リベラルアーツ思考の属性**：文化，歴史，文学，教育，美術，芸術，心理，法律，政治，経済，経営，メディア，福祉，宗教，思想など

➢ 潜在顧客ナーチャリングのためのインプット＆アウトプットデータ

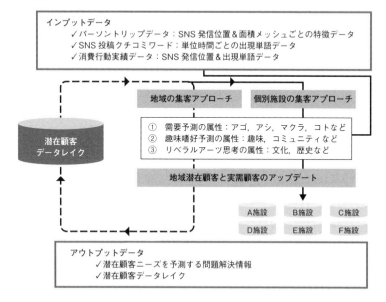

Lecture 04 ビジネスユースケース別リベラルアーツテック

リベラルアーツテックは機械学習のためのインプット情報の階層化

　リベラルテックは，SNSクチコミデータからリベラルアーツに関する有意なデータの抽出から属性付与までを行い，機械学習のため，データを階層化します。

> リベラルアーツテックによる階層化（深層的メタタグ付け）

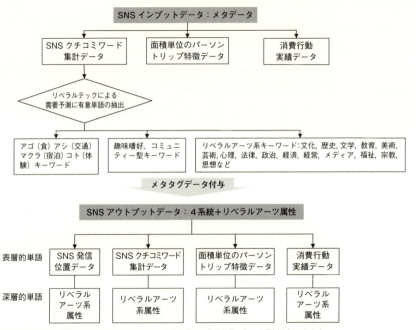

収集した潜在顧客からファンを育てる仕組みを独自設計する

　パーソントリップデータも，「オープンソース化」「社会資本化」という時代の潮流にあります。現在では高い予算を使用してパーソントリップデータ

を収集することに重点が置かれていますが，近い将来にそれらのパーソントリップ情報が普遍化されたとき，それらのデータから問題解決情報を認識する力が「おもてなし」の差別化に必要になります。個別ニーズを認知したうえで新たなおもてなしを着想するパラダイムシフトです。

> パーソントリップデータを用いた独自集客モデルの付加価値

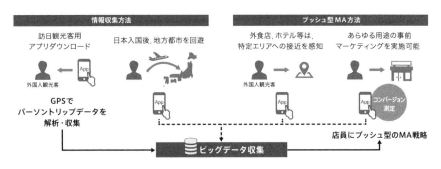

技術要素②：データの抽出と加工技術（DMP 技術）

DMP モデルの基本形

インターネット上に蓄積されたサービスの買い手と売り手の様々な非構造化情報データは，DMP によって双方向から収集され，構造化され，管理されます。

▶ DMP モデルの基本形のポイント

- DMP は非構造化データを構造化し，ビッグデータ分析の前処理データを行う
- DMP はサービスの売り手の要請に基づき，パーソントリップ構造化データから問題解決情報のみを抽出し，サービスの売り手，買い手に提示する
- DMP そのものが付加価値源泉であるため，パーソントリップ流通市場はオープン化，社会資本化され，DMP ベンダーの付加価値源泉は，AI

による問題解決情報の抽出アルゴリズムエッセンスに向かう
- 基本形をベースに，5つの要件設定（ユースケース）に分類できる

> 買い手＆売り手双方向性データマネジメントシステム基本形

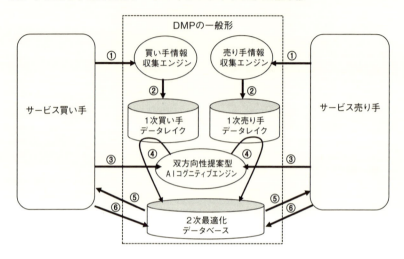

サービスの買い手の流れ
① 商品・サービスの買い手は，会員登録時にアプリやSaaS（Software as a Service）へ嗜好性データを入力する。
② 買い手の嗜好性データは，1次買い手データレイクに保存される。
③ 買い手はさらに自身のニーズを入力し，最適な商品・サービスの組合せの提案を売り手に要求する。
④ 買い手の嗜好性に基づいた時系列データの傾向分析が認識され，2次最適化データベースに潜在顧客が抽出される。
⑤ 買い手の1人ひとりにカスタマイズされた最適商品・サービスの提案がなされる。
⑥ 買い手は提案された商品・サービスから選択し，購入することができる。買い手が選好した商品・サービスデータは2次最適化データベースに付加され，AIコグニティブエンジンによる深層学習の教師データとして用いられる。

サービスの売り手の流れ
① 商品・サービスの売り手は，提供する商品・サービスの特性を入力する。
② 売り手の特性は，1次売り手データレイクに保存される。
③ 売り手はターゲット顧客の抽出と潜在顧客に対する最適商品・サービス，そのマーケティング方法の提案を要求する。
④ 買い手の嗜好性に基づき最新傾向分析が認識され，2次最適化データベースに潜在顧客が抽出される。
⑤ 売り手に最適商品・サービス，そのマーケティング方法の組合せと潜在顧客リストの提案がなされる。
⑥ 売り手は提案された商品・サービスマーケティング方法の組合せと潜在顧客を選択し，販促することができる。売り手の選択した組合せを生成したAIコグニティブアルゴリズムは，2次最適化データベースに付加され，AIコグニティブエンジン最適化に用いられる。

DMP モデル：5 つのユースケース

　ネットショップやスマホアプリなどのインターネット経由の顧客情報と実店舗の顧客情報を収集するオムニチャネル企業は，その整合性がとれた構造化が必要になります。ここで，5 つのタイプのユースケースに分類します。

① DMP モデル A 型：O2O（One-One, Online-Offline）型データ統合型 DMP

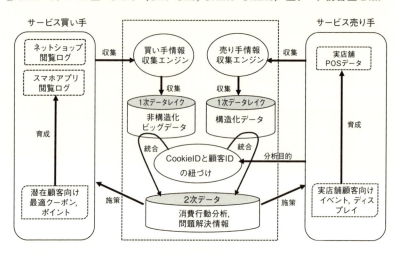

- 適用業態：EC ショップと実店舗を併用する業態の汎用 DMP
- 特徴：1 人の顧客が複数デバイス（モバイル，PC）にて異なる CookieID にてログインする EC ショップでの消費履歴と，実店舗用 ID を利用した実店舗での消費履歴を，同一顧客として名寄せしデータベース化する際の汎用 DMP モデル。One-One は「顧客別マーケティング最適化」，Online-Offline は「EC ショップと実店舗での名寄せを行い，同一顧客としての消費行動を分析すること」に重点を置く。名寄せされた顧客の構造化された 1 次データレイクをもとに，消費行動分析，問題解決情報の 2 次データを生成する。

② DMP モデル B 型：SNS コメント即時性データ分析 DMP

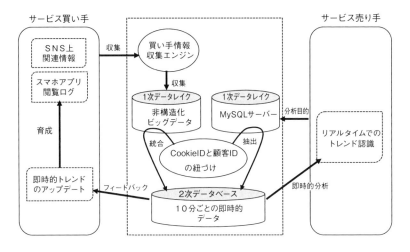

- 適用業態：消費や移動履歴などの1次データを持つ業態の汎用 DMP
- 特徴：自社サイトのログ分析専用の MySQL サーバーを持つが，書式ルールに関する規定がないため，多量かつ雑多な1次データベースが積み上がってしまうことが共通の課題。本 DMP モデルは，サイト閲覧履歴，購買履歴，ログ解析などの非構造化データを収集し，Cookie ID と顧客 ID を紐づけし，2次データベース化することが特徴的。この DMP アルゴリズムにより，10分ごとの即時性のあるアップデートを可能とし，自社サイトやアプリ上でのリアルタイムなトレンド収集を可能とする。

③ DMP モデル C 型：旅マエ，旅ナカ，旅アト問題解決型 DMP（問題解決情報見える化）

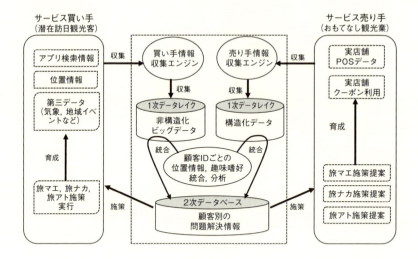

- 適用業態：観光施設，実店舗型小売業，外食産業，エンターテイメント産業
- 特徴：サービス買い手の「趣味嗜好データ」「位置情報」とサービス売り手の「アゴ・アシ・マクラ・コト情報」が，顧客 ID によって紐づけられ 1 次データレイクを形成するのが特徴。観光における「旅マエ，旅ナカ，旅アト」，実店舗型小売業における「来店前，来店中，来店後」に対応したマーケティングが行える。旅マエ，来店前なら，「過去 1 ヶ月以内に，施設の半径 3 Km のジオフェンスに入った潜在顧客」を対象にクーポンキャンペーンを行う。旅ナカ，来店中なら，「タイムセールなどの即効性のあるプッシュ型マーケティング」を適用する。旅アト，来店後なら，「顧客満足度に関するアンケートと，その回答への御礼」によって信頼関係やロイヤリティを高めるナーチャリングを行う。顧客別の問題可決情報を 2 次データベースとして蓄積することにより，長期視点での顧客ナーチャリングを行う。

④ DMP モデル D 型：AI による行動分析型 DMP
　　　　　　　（センチメントエモーション汲み取りマーケティング）

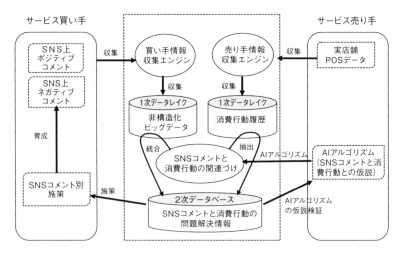

- 適用業態：ファッション系，美容系，化粧品系小売業
- 特徴：Online（EC ショップ）での消費履歴と Offline（実店舗）での行動履歴を統合し，さらに SNS でのリアルタイムのコメント履歴から，その顧客のセンチメント・エモーションと消費行動を分析した 1 次データレイク化が特徴。それをベースに，リアルタイムの SNS コメントから推測される消費行動を問題解決情報として 2 次データベースを構成し，そのセンチメントに最適なコミュニケーションを図る。ワクワク感，トキメキ感など気分の高揚には，その体験への共鳴，共有型コミュニケーションが適している。また，倦怠感，憔悴感などを示唆する SNS コメントに対しては，AI によって分析された過去の消費行動パターンから最適な提案型コミュニケーションが行われる。このようにリアルタイムの SNS コメントから顧客の心理状態を読み取り，問題解決情報を提案できる。

⑤ DMP モデル E 型：スマートシティインフラ分析型 DMP
（インフラ情報集約，スマートシティインフラ）

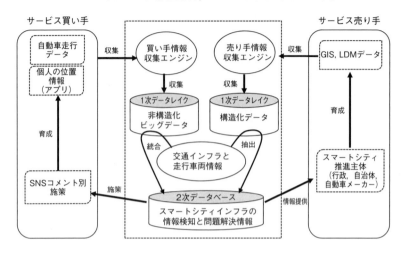

- 適用業態：社会インフラオペレーター，テレマティクス業態（スマートシティ，自動運転など）
- 特徴：サービスの買い手が使用する車載用機器をプローブとして，車両状態，位置情報，交通状況，運転傾向などの「顧客車両の運転状況把握」と「社会インフラ（渋滞，事故情報など）」を統合した 1 次データレイクを構成する。それに独自の CRM レイヤーを付加すれば，テレマティクスダッシュボードによって，顧客が日常的に利用するインフラについて問題解決情報を提案できるのが特徴。ウーバーなどのライドシェア対応や，タクシー潜在顧客の位置予測まで商業用途できるだけでなく，渋滞解消，環境対策，安全運転支援システムなどの社会インフラ構築に適用する。

Case Study 2

DMP モデルの要件設定(ユースケース)

　観光 IoT システム開発を担当するあなたは，自施設が必要とする問題を整理し，DMP ベンダーに対してシステム要件(ユースケース)を明確に示す必要があります。実需を創出するコトモノ財アイディアを自ら考え，潜在顧客育成に必要なツールと戦略を考察します。

〈グループディスカッションの課題〉

グループ A	秘境の温泉一軒宿
グループ B	人気観光地の中心にあるペンション
グループ C	ゴールデンルート内の新幹線停車駅から徒歩5分にあるシティホテル
グループ D	人気テーマパーク近郊にある旅館
グループ E	広域観光周遊ルート形成促進事業に指定された11地域のひとつ

▶ディスカッションのステップ

ステップ1:グループごとに地域特有の経営資源の抽出を行ってください。

	アゴ(食)	アシ(交通)	マクラ(宿泊)	コト(体験)
グループ A				
グループ B				
グループ C				
グループ D				
グループ E				

ステップ2:グループごとに潜在顧客データレイクから優先順位の高いリベラルアーツ系ニーズを考察してください。

	リベラルアーツ系ニーズ
グループ A	
グループ B	

グループ C	
グループ D	
グループ E	

ステップ3：それらのリベラルアーツ系ニーズを実行するために必要な，地域上位戦略と個別施設戦略を3つずつ考察し，それぞれの目的と支援依頼先を策定してください。

	目的	支援依頼先
地域上位戦略		
個別施設戦略		

ステップ4：それぞれのグループにて，DMP戦略についてディスカッションしてください。

DMP アルゴリズムの構築

　観光IoTの重要ポイントである「データの前処理と構造化」は，5つの構造化処理でできていることを学びました。「①個人の位置情報の特定」「②緯度・経度・高さレイヤーの規格化」「③テレマティクスエンジン」「④地域のおもてなしレイヤー」「⑤DMPベンダーによる潜在顧客データ処理」の組合せで，あらゆるDMPアルゴリズムは設計できます。

〈グループディスカッションの課題〉
　組合せタイプ①＝ヒトの位置 vs 任意レイヤー
　組合せタイプ②＝静的レイヤー vs 動的レイヤー
　組合せタイプ③＝ヒトの位置 vs アイディアレイヤー
など組合せのタイプは無数にあります。

上記の組合せタイプ型を参照して，いくつかのレイヤーを組み合わせ，ヒトの位置情報とマッチングさせることで，旅マエ，旅ナカ，旅アトのビジネスアイディアをそれぞれ考案してください．その際，どのレイヤーとマッチングさせるか図示することで，その付加価値源泉の所在を明確にしてください．

① それぞれのグループは，自施設がDMPを導入するに際してのメリットとデメリットを考察してください．
② それぞれのグループは，DMP導入の賛否を決定してください．
③ もし賛成ならば，どのDMPモデルとパラメーターを用いて，地域顧客データベースを策定するのが合理的でしょうか？ 理由と共にシステム用件を図示してください．
④ もし反対ならば，対案を示してください．非構造化データをどのように構造化させるか図示してください．

Lecture 05　生態学的ベイズモデルによる機械学習の基本プロトタイプ

1　機械学習の目標は顧客ナーチャリング

　サービス提供者がAIコグニティブエンジンを必要とする理由は，潜在顧客群に常に問題解決情報を提示するためです。

　潜在顧客の消費行動と密接な嗜好性パラメーターをAIコグニティブエンジンによって認識させ，その消費行動とその顧客の位置情報をリンクさせたプッシュ型マーケティングツールの実装は，大きな付加価値源泉と考えられます。

　さらに，機械学習はヒトが予測しえない問題解決情報を提示してくれる可能性があります。例えば，「潜在顧客の消費行動を引き起こす可能性のあるパラメーター」で探索すると，テレマティクスエンジンがDMPの持つ潜在顧客の静的データ（趣味嗜好情報）と動的データ（位置情報）をマッチングさせ，問題解決情報（＝潜在顧客データ）を提示します。

技術要素③：AIコグニティブ技術

　AIコグニティブはインプットデータの種類によって2つの系統に分かれます。系統①は，数値データに対してデータサイエンスアプローチにて問題解決情報をアウトプットとするもの，系統②は，音声や画像などのビッグデータに対してトポロジーサイエンスにて機械学習を行い，問題解決情報をアウトプットするものです。

系統①	数値ビッグデータに多様なメタタグ（属性因子）の付加を行い，データサイエンスによる統計的分析と統計的に有意なパターンやパラメーターを分析・抽出し，問題解決情報を導き出す
系統②	音声や画像などのビッグデータを位相幾何学（トポロジー）的に分析し，最適な問題解決情報を導き出す

> AI コグニティブ化の一般形

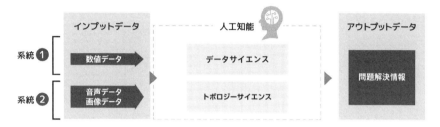

　パーソントリップで取り扱うデータは，系統①の時系列データであり，時間 t と個体 i の顧客ナーチャリング関数 $f(t, i)$ による「潜在顧客の行動予測」を行います。具体的には，コトモノ需給パラメーター，趣味嗜好パラメーター，SNS 発信パラメーター，消費活動パラメーターなどから任意のパラメーターを説明変数とします。

> パーソントリップデータの AI コグニティブ手法

STEP 1：サービス買い手のデータ収集（＝インプット因子を教える）

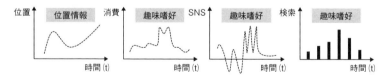

Lecture 05 生態学的ベイズモデルによる機械学習の基本プロトタイプ

STEP 2：サービス買い手の1次データレイク形成（＝ヒトを母集団とする時系列データを与える）

	時間(t)	位置情報(ℓ) ℓ [1,2,3]	消費行動(α) α [1,2,…,j]	SNS行動(β) β [1,2,…,k]	検索行動(γ) γ [1,2,…,m]
P1					
P2					
P3					
Pn					

STEP 3：趣味嗜好データによるクラスター分析と次元削減（＝攪乱項を削減する）

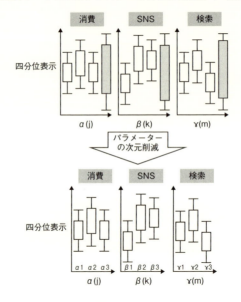

STEP 4：サービス売り手のデータ収集（＝インプット因子を教える）

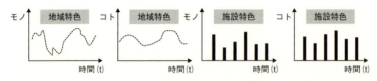

STEP 5：潜在顧客の抽出（2次データベース）（＝問題解決情報の分析方法を教える）
地域特色，施設特色にマッチングする顧客抽出データベース

		位置情報(ℓ)	消費行動(α)	SNS行動(β)	検索行動(γ)
	時間(t)	ℓ[1,2,3]	α[1,2,3]	β[1,2,3]	γ[1,2,3]
P1					
P2					
P3					
Pn					

顧客ナーチャリング関数＝$f(\alpha, \beta, \gamma)$

STEP 6：アクション（問題解決情報）実行
（＝アウトプットする問題解決情報の見せ方を教える）

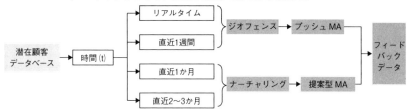

STEP 7：フィードバックデータを STEP 5 潜在顧客データに対する教師データとした
機械学習（＝より精度の高いアウトプットデータの生成）

顧客ナーチャリング関数＝$f(t, i)$
⇒過去データと教師データによるパラメーターレンジの最適化とアウトプットスコアの最大化

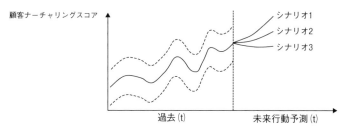

STEP 8：STEP 6のアクションプランとして，未来行動予測のシナリオを実施し，ス
テップ6〜8を繰り返す（＝アウトプットデータがインプットデータとして
循環される）

Lecture 05 生態学的ベイズモデルによる機械学習の基本プロトタイプ

技術要素④：機械学習技術

「潜在顧客群にどのような情報を与えれば，どのような行動が予測されるのか」という命題に対し，DMPで用意された2次最適化データベースから問題解決情報を提示する顧客の位置情報，消費行動，SNS行動，検索行動のデータ収集と，そこから導かれる統計学的に有意なパラメーターの用意ができました。機械学習プログラムは，このような人間が認識するという行為を汎用概念化（＝プロトタイプ化）させます。

➢ パーソントリップ型クラウドが標準装備する5つの技術要素

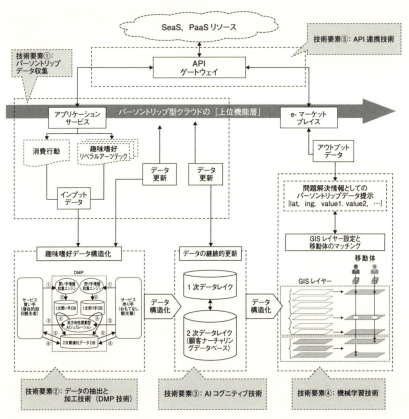

生態系に学ぶ機械学習の基本プロトタイプ

　生態系が3次元軸で形成する時系列データは,「時系列に関連する集団的振る舞い」と「時系列に関連しない個体のランダムな振る舞い」に分類されます。具体的には,「正規分布に従う個体集団の振る舞い」と「正規分布に従わない時系列的ランダム個体の振る舞い」で説明できます。これを「機械学習の基本プロトタイプ」として法則化します。例えば,下記のような時間的&物理的情報伝播モデルにおいて,「ある法則」をベイズ推定とR言語で表現してみましょう。

> 生態系における時間的&物理的情報伝播モデルの「ある法則」

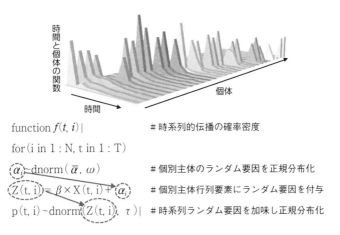

```
function f(t, i){                    # 時系列的伝播の確率密度
for(i in 1 : N, t in 1 : T)
  αᵢ ~ dnorm(ā, ω)                   # 個別主体のランダム要因を正規分布化
  Z(t, i) = β × X(t, i) + αᵢ         # 個別主体行列要素にランダム要因を付与
  p(t, i) ~ dnorm(Z(t, i), τ)}       # 時系列ランダム要因を加味し正規分布化
```

　生態学的な時間的&地理的情報伝播モデルは「3次元空間にて,ヒトが媒介してヒトに情報を伝える」という事象です。時間tと個体i(ヒト)によって,この事象の基本のプロトタイプ関数$f(t, i)$を考えます。「時系列伝播因子は,集団的振る舞いと時系列的ランダムな振る舞いに分解される。集団的振る舞いは個別の正規分布に従う固定因子(平均),ランダム因子(分散),その攪乱項(＝ランダム因子の分散の精度(バラツキ)の発生確率分布)に分類される。」とすれば,個別効果とランダム効果を説明因子とする基本概念になります。さ

らに，集団的振る舞いは正規分布に従う個体と従わない個体，ランダム因子の振る舞いに分解し，その分散のバラツキ精度を「攪乱項」とすれば，ここにさまざまな確率密度分布をトライ＆エラーで試行錯誤（モンテカルロシミュレーション）することで，実際の時系列データに近似したパラメーターとその範囲を算出できます。この一連の流れを「ある法則（＝機械学習の基本プロトタイプ）」とすれば，何かを表象する関数，例えば顧客ナーチャリング関数$f(t, i)$ は，次のように表現できます。

$$f(t, i) = \beta \sum_{t=1}^{T} \sum_{i=1}^{N} (x(t, i) + \varepsilon(t, i))$$

$x(t, i)$：集団的振る舞い（正規分布に従う固有因子＋正規分布に従わないランダム因子）

$\varepsilon(t, i)$：時系列的ランダムな振る舞い（正規分布に確率密度分布を持つランダム因子）

生態学的ベイズ推定法の強み

　時系列データの統計学的分析を得意とする人工知能プログラミングがR言語です。R言語には，生態学的ベイズ推定ライブラリーが充実しているので，複雑な時系列データ処理を行うための基本となる機械学習アルゴリズムを用いて，多彩な時系列データモデリングに有効なツールです。

➢ 生態学的ベイズ推定法の考え方

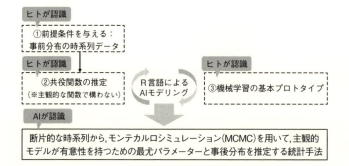

このように生態学的ベイズ推定法は，事前分布や共役関数という「主観的仮説やアイディア」をスタートに，「機械学習の基本プロトタイプ」を用いて10,000回のモンテカルロシミュレーションを行い，最尤パラメーターと最尤レンジを最適化する柔軟性に富んだ統計モデリング手法です。事後分布を，再び事前分布とすれば，循環性を持つ最適化モデリング手法であることがわかります。

　主観的仮説やアイディアで工夫できる「事前分布」「共役関数」に対して，「機械学習の基本プロトタイプ」は時系列データ分析に有効な「ある法則」を汎用化したものです。

> 機械学習の基本プロトタイプの汎用化（＝「ある法則」）

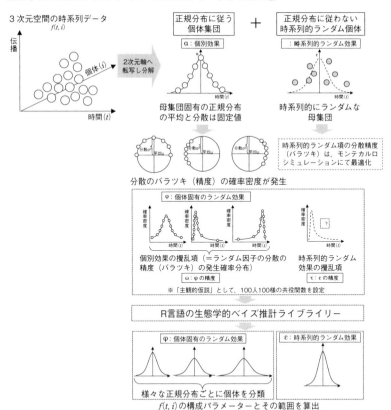

この機械学習の基本プロトタイプへのインプットを工夫すれば，様々な時系列やあなたの仮説を事前分布，共役関数として，モンテカルロシミュレーションを繰り返し，生成された事後分布と選別されたパラメーターを用いて，それらを再度，事前分布に代入することで価値連鎖を表現することができます。

> 機械学習の基本プロトタイプと「工夫やアイディア」の融合

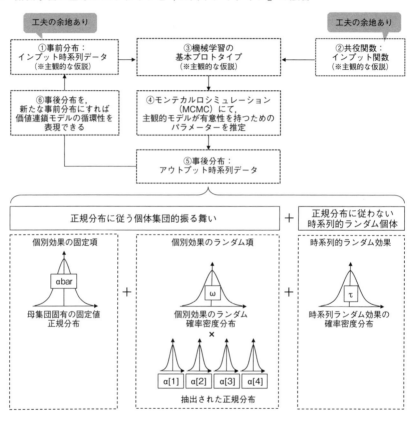

リベラルアーツテックは，非言語領域のポジティブ/ネガティブな集団的振る舞いを発見する

　アウトプットとして予測される「正規分布に従う個体集団の振る舞い」に着目すると，アゴ，アシ，マクラなどの「モノ消費」に対するSNSクチコミデータは，汎用的な「極性辞書（Polarity Dictionary）」を用いた表層的単語による感情分析手法にて，ポジティブ/ネガティブ意識を判断できます。

　それに対して，「コト消費」に対するSNSクチコミデータは，より深層心理的単語と非言語領域にてコメントの真意を理解する必要があります。つまり，リベラルアーツテックとは，独自の「リベラルアーツ系極性辞書」を教師データとすることにより，深層心理の影響を考慮した集団的振る舞いを分析・予測することを目的とします。

　例えば，日本の神社仏閣などのSNSクチコミデータの傾向に，「Halo（ヘイロー）」という表現がしばしば見られます。汎用的な辞書によれば，「聖像などの頭部や時に全身を囲む後光，光輪，もしくは人物・ものを取り巻く光輝，栄光」であり「美術，芸術」を表す範疇の英単語です。しかし，発言内容を読めば「日本人の宗教観」に触発された趣旨や，「日本人のココロ」に対する解釈として，深層心理を映したコメントである場合があります。これは，美術や芸術的な論評単語ではなく，自国文化への認知回帰であり，文化形成や人格形成の本質を表象する言葉と考えられます。このような考え方は「認知心理学」の領域であり，「表象の対極性」（自己極性，利他極性，集団極性，依存極性，回帰極性，本能極性，承認極性，表現極性などの分類軸）を，教師データとして蓄積することで，SNSクチコミデータから「コトモノ消費に対する集団的振る舞い予測」と「非言語領域での無意識バイアス」を可能としました。

➤ リベラルアーツテックによるポジティブ / ネガティブ判定の機械学習フロー

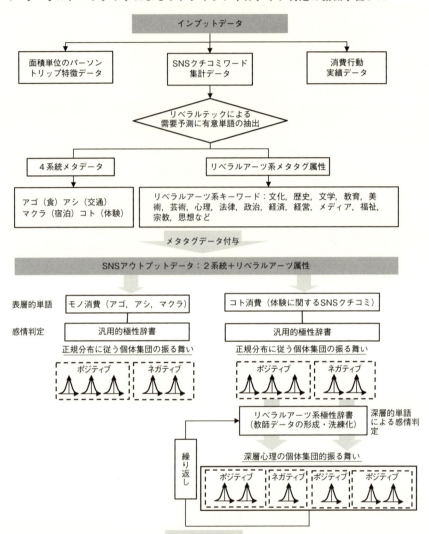

Chapter 1 人工知能を実装するための技術的・経営学的エッセンス

生態学的ベイズの応用ケース1：Lecture16の事例

　時間的&物理的情報伝播モデリングにおいて，事前にインフルエンサーの統計的分類として，主観的なクラスター分析を行って工夫したケースです。四分位法によりインフルエンサーと定義した「5種類」に対して，結果的にベイズ推定が導いた正規分布を形成する個体集団の数は「2種類」でした。

筆者の主観でクラスター分析をおこなったインフルエンサー：5種類

インフルエンサー		労働対価	タイプ
EI	Eventer Influencer	対価性	主催者
Ibase	Eventer Promotor	対価性	主催者が有償契約したマーケティングプロモーター
SI	Super Influencer	無対価性	絶対的フォロアー数を持つ量的インフルエンサー
GI	General Influencer	無対価性	量的かつ質的インフルエンサー
CI	Community Influencer	無対価性	コミュニティーを形成する質的インフルエンサー

生態学的ベイズモデルが結論として導いた正規分布を形成する固体集団：2種類

	mean	SD	2.5%	50%	97.5%	n.eff
$\alpha[1]$	1.0	0.5	0.0	1.0	1.9	1000
$\alpha[2]$	0.1	0.3	-0.5	0.1	0.6	630
α bar	0.7	7.2	-4.9	0.5	6.9	1000
β	0.4	0.2	-0.1	0.4	0.8	720
τ	1.2	0.4	0.6	1.2	2.0	1000
ω	10.2	27.7	0.0	1.1	103.8	1000
deviance	64.9	3.2	60.7	64.3	72.3	1000

　インフルエンサーの定義数と一致しませんが，生態学的ベイズ推定法が示している統計分析結論は，正規分布に従う個体集団（$a[1]$, $a[2]$）の95%信頼区間範囲と，時系列的ランダム効果に分析しているから当然と言えます。そこで，正規分布に従う個体集団（$a[1]$, $a[2]$）のみの時系列データを分析

すれば，潜在顧客ナーチャリングと相関性の高いリベラルアーツ系インプットデータを発見できます。それが潜在顧客の発掘や既存顧客のリテンションという問題解決情報に導きます。

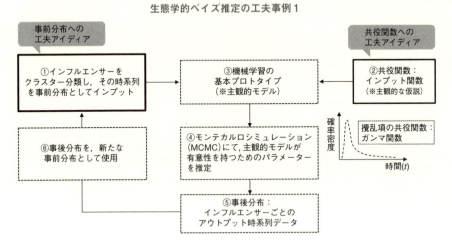

生態学的ベイズ推定の工夫事例1

生態学的ベイズの応用ケース2：Lecture07（交渉ゲーム①）の事例

自己回帰分析を利用して事前分布を構築する工夫を行い，ベイズ推定を行ったケースです。この前処理は，事前分布のパラメーター数（次元数）を削減でき，モデル簡潔化に有効です。

筆者の主観による自己相関係数分析が導いた最適係数の次元数：15年間分

a_1	a_2	a_3	a_4	a_5
3.4819	-1.6286	-1.6228	1.8729	-1.1864
a_6	a_7	a_8	a_9	a_{10}
-1.8709	1.5211	1.3111	-1.5974	1.5753
a_{11}	a_{12}	a_{13}	a_{14}	a_{15}
-0.7055	-0.1599	-0.1304	-1.6705	1.8227

※ 自己回帰係数（a_i）：15個

変数の次元数を落とすという工夫を与えた「15年データ」と，ブランク（対比）データ「37年データ」を用いて，生態学的ベイズ推定の分析結論を比較したとき，正規分布に従う4つの個体集団（$a[1]$，$a[2]$，$a[3]$，$a[4]$）の

95%信頼区間範囲に分解され,「15年データ」が相対的により有意性が高いことを示しています。また,共役関数として,生態系ではよく観察されるガンマ関数を用いています。

15年データが結論として導いた正規分布を形成する個体集団：4種類

	mean	SD	2.5%	50%	97.5%	n.eff
$a[1]$	0.0	0.1	-0.2	0.0	0.2	1000
$a[2]$	-1.0	0.0	-1.1	-1.0	-0.9	400
$a[3]$	-0.9	0.0	-1.0	-0.9	-0.8	1000
$a[4]$	-0.9	0.0	-1.0	-0.9	-0.9	1000
abar	-0.7	0.5	-1.6	-0.7	0.0	740
β	1.0	0.0	1.0	1.0	1.0	1000
τ	39.2	7.4	26.3	39.2	53.9	560
ω	4.3	3.6	0.3	3.3	14.0	1000
deviance	-50.0	3.8	-55.2	-50.7	-40.6	1000

(pD = 6.1 and DIC = -43.9)

自己回帰分析を行うことで得た最適な変数次元数を用いた事前分布によって,正規分布に従う4つの個体集団($a[1]$, $a[2]$, $a[3]$, $a[4]$)の95%信頼区間範囲を発見しました。この4つの個体集団を形成するリベラルアーツ系時系列データを抽出し,潜在顧客ナーチャリングと相関性の高い問題解決情報に導きます。

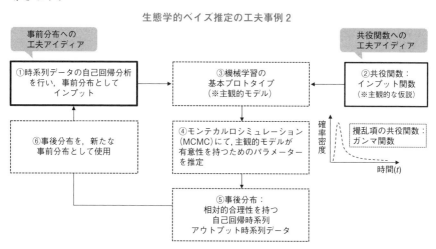

生態学的ベイズ推定の工夫事例2

このように，機械学習の基本プロトタイプとクラスター分析や自己回帰分析などの「自身の主観的アイディア」に自由に工夫を入れることで，多様なモデル化ができることになります。いうまでもなく，唯一の正解モデルは存在せず，絶えず事前分布や共役関数を改良することによって，流れに応じたプログラミングができます。

生態学的ベイズ推定分析は「収益循環性パラメーター」を示している

生態学的ベイズ推定の2つの応用事例において，最終的に提示された統計学的アウトプットの本質を捉えるならば，与えられた時系列データの「永続性」を担保させるための95％信頼区間を提示していることになります。

すなわち，α は「正規分布に従う個体集団」，αbar は「SNS個別効果の固定要因（平均）」，ω は「SNS個別効果のランダム効果（分散）の精度」，τ は「時系列的ランダム効果」の95％信頼区間を示しており，それらを「減衰弾力性パラメーター群」と考えれば，「個の成長と衰退」「種の保存と発展」という生態学的解釈が可能になります。

このように，時系列ビッグデータ分析に生態学的ベイズ推定法を導入し，機械学習の基本プロトタイプとすることで「収益循環性」「コトモノ循環性」というデジタル価値連鎖フレームワーク理論の根幹である「循環性」の定量的数式モデル化は構築されます。これは，デジタルSDGsと同意です。

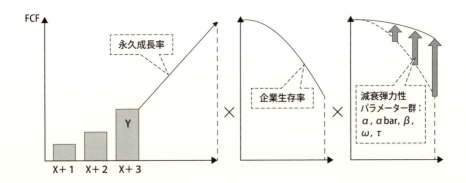

顧客ナーチャリングスコアの統計学的有意性の検証

顧客ナーチャリングの効果は，2つの視点で有意性を検証します。
　有意性①：ナーチャリングを実施した顧客（母集団1）と実施しなかった顧客（母集団2）
　有意性②：ナーチャリング期間の顧客（母集団1）とナーチャリング期間後の顧客（母集団3）

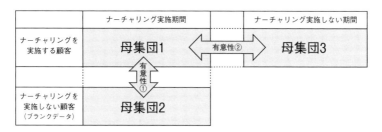

F検定は，2つの正規母集団の分散のバラツキを検定します。前提仮説（＝帰無仮説）を，「2つの正規母集団に分散の差はない」としたとき，「めったに発生しない確率」を表すF比率を根拠に，5％（p値＜5％）もしくは1％（p値＜1％）の危険率をもって帰無仮説を棄却する論理です。

有意性①では，ナーチャリングを実施した顧客（母集団1）と実施しなかった顧客（母集団2）の分散についてF検定を行い，バラツキに差があることを有意水準を提示します。

また，t検定は，2つの正規母集団の平均値に有意差があるかどうか検証します。t値が帰無信頼区間に含まれないならば，5％（p値＜5％）もしくは1％（p値＜1％）の危険率をもって帰無仮説を棄却できます。

有意性②では，ナーチャリング期間の顧客（母集団1）とナーチャリング期間後の顧客（母集団3）の分散のバラツキを検定し，「分散差はない」とする帰無仮説を，F値もしくはp値によって棄却できるか検証します。

また，t検定によって，2つの正規母集団の平均値に有意差があるかどうか検証します。

Case Study 3

ナーチャリングスコア時系列の有意性検証

ある宿泊施設は，抽出した9人の重点ターゲット顧客に対して14週間（98日間）にわたって，マーケティングを実施し，ナーチャリングスコアを収集しました。マーケティングの有意性について検証するために，マーケティング期間終了後も14週間のナーチャリングスコアを集計しました。

- n1～n9：マーケティングを行った重点ターゲット顧客
- b1～b9：マーケティングを行わなかった顧客（ブランクデータ）

〈課題〉

①マーケティングを実施した重点ターゲット顧客を母集団1，実施しなかった顧客を母集団2として，F検定，t検定にて2つ母集団の統計学的な有意性について検証してください。

②マーケティングを実施した重点ターゲット顧客を母集団1，マーケティング終了後の重点ターゲット顧客を母集団3として，F検定，t検定にて2つ母集団の統計学的な有意性について検証してください。

母集団1：マーケティング実施

日数	n1	n2	n3	n4	n5	n6	n7	n8	n9
0	76.8	73.9	83.5	103.4	82.6	74.2	73.7	71.2	80.5
7	76.6	74.1	86.5	103.8	81.1	74.7	73.4	70.4	79.6
14	75.6	73.8	85.1	103.4	80.9	74.3	73.5	70.7	80.5
21	76.6	73.7	84.3	103.6	80.5	74.1	73.3	71	79.5
28	75.2	74	85.1	102.4	79.8	73.7	73.2	70.7	79.2
35	75.1	75.3	86.2	101.6	81.5	74.9	73.2	70.3	78.9
42	74.1	73.2	84	101.8	81.4	74.8	73.5	70.9	79.5
49	74.6	73.1	85.1	102.4	78.3	74	74.7	70.3	79.9
56	71.8	74.6	84.8	102.4	78.5	73.9	73.7	71.4	80
63	73	73.7	83.2	102.2	78.3	73	73.2	70	78
77	74.1	75.2	84.9	101.8	79.1	72.6	73.6	69.9	77.7
84	72.1	75	84.7	102.6	78.8	72.2	73.3	70	78.9
91	74.8	76.5	84.7	101.8	79.6	72.1	73.2	70.3	78.8
98	75.1	75.2	86.1	101.8	79.6	73.1	72.5	70.3	78.5

母集団2：マーケティング非実施

日数	b1	b2	b4	b4	b5	b6	b7	b8	b9
0	70.6	77.4	63.4	69.4	65.8	70.3	69.4	64.6	71.5
7	69.8	76.7	64.2	70.5	65.2	70.5	68.4	64.3	70.4
14	69.4	77.5	66.6	70.3	65.2	70.3	69.2	63.8	71
21	68.6	77.2	64.2	69.5	63.9	71.1	68.2	65.1	70
28	69.2	77.9	62.6	69.2	64.5	70.8	68.3	66.8	70.6
35	69.8	76.9	61.7	67.6	64.1	69.7	68.4	67.2	70.6
42	69.7	78.2	62.3	67.9	65.5	69.9	68.5	67	70.2
49	69.3	77.7	61.5	67.5	65.5	69.3	68.4	66.1	71.4
56	69.5	77.3	61.7	68	66.3	69	68.4	66.9	70.3
63	69.5	76.4	61.4	69.6	67.6	70.3	68.3	66.7	70.7
77	70.6	76.3	64.5	71.2	66.3	69.1	68.5	66.9	70.4
84	69.2	77.3	63.8	71.5	64.5	70	68.7	66.5	70.4
91	69.9	76.7	64.4	71.4	66	69.9	68.3	66.2	70.8
98	70.5	78.4	64.9	70.8	68.3	70.5	68.5	67.5	71.5

母集団3：マーケティング終了後

日数	n1	n2	n3	n4	n5	n6	n7	n8	n9
105	74.4	74.2	84.2	101.4	79.8	71.7	71.4	71.3	77.3
112	74.1	73.6	82.3	101.6	79.9	71.4	71	70.1	76.2
119	73	73.2	80.3	101.2	79.5	71.7	71.3	70.5	75.6
126	73.4	73.2	79.3	100.8	79.6	71.2	71.2	69.8	76.3
133	72.9	72.8	79.7	101	74.3	71	71	69.6	76.4
140	72.9	72.3	79.2	100.8	74.2	69.3	69.8	69.5	76.3
147	73.7	71	79	100.2	74	69.4	69.5	69.2	76.3
161	71	71.3	78.7	98.7	74	69.2	68.7	70.2	76.2
168	71	71.2	78.6	97.7	73.8	69.1	68.5	69.4	76.1
175	70	71.7	78.5	98.2	74.8	69	68.3	69.3	76
182	69.2	68.5	78.7	97.7	74.9	68.5	68	69.2	75.8
189	69.8	69.4	78.6	96.9	74.5	68.4	67.4	69.1	74.7
196	69.2	69.5	77.3	97.9	74	68	65.9	69.2	75

2　付加価値源泉の循環性（＝デジタル SDGs）

IoT レイヤーの機能とデータの流れに着目し，機械学習の基本プロトタイプへの工夫と付加価値源泉の循環性を図解することでデジタル SDGs を考察します。

モデル I：実店舗 × 動的データのデジタル価値循環

実店舗 PoS データ，自社 Web データをベースとする静的な CRM データベースと，外部購入による動的なパーソントリップデータをインプットし，静的マーケティング（＝ナーチャリング）と動的マーケティング（＝リアルタイム販促）を行うハイブリッド型 AI モデルです。

▶特徴
① 実店舗と Web サイトの CRM データベースを持つ（自前の静的情報）
② パーソントリップ動的データ（＝位置情報）の購入
③ BI 前処理型静的データとして DMP で用意した 2 次最適化データベースを使用
④ 潜在顧客のリアルタイムな消費行動予測（動的プッシュ MA）とナーチャリング（静的プッシュ MA）によるオムニチャネルマーケティングを行う

➢ モデル I：実店舗 × 動的データ「ハイブリッド AI」の付加価値源泉

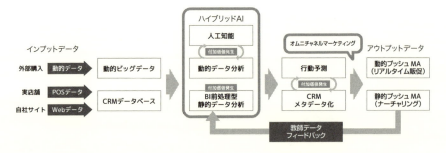

モデルⅡ:BPO 業務システム連動のデジタル価値循環

IoT レイヤーのインプットデータとして,実店舗 PoS データ,自社 EC データ,外部購入の動的パーソントリップデータを用います。自社 EC サイトの BPO 業務システムとデータ連携を行い,AI による集客施策情報と自動的に同期させることに重点を置く汎用的 ERP モデルです。

▶特徴

① 問題解決情報に導く多様メタデータ(実店舗 PoS,自社 EC サイト,動的データの外部購入)
② 既存の BPO システムとオムニチャネルマーケティングデータとのデータ連携
③ 動的位置データに基づく行動予測によるジオフェンスマーケティング
④ 静的嗜好データに基づくナーチャリングマーケティング

> モデルⅡ:BPO 業務システム連動のハイブリッド AI の付加価値源泉

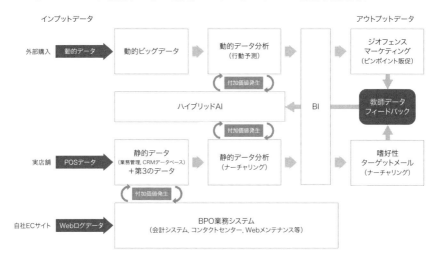

モデルⅢ：SNS インフルエンサーナーチャリングによるデジタル価値循環

自社 SNS サイトでの顧客モーメント（SNS のポジティブ発言，ネガティブ発言に反応して形成される集団的な感情形成）にリアルタイムで反応することで，自施設の顧客ナーチャリングを行うモデルです。

▶特徴
① 画像＆音声データのメタデータ化
② SNS ポジティブ or ネガティブ発信のパターン分析
③ 自社 SNS サイトの顧客モーメントへのリアルタイム対応
④ 独自の SNS インフルエンサーナーチャリング

➢ モデルⅢ：「SNS インフルエンサーナーチャリング AI」の付加価値源泉

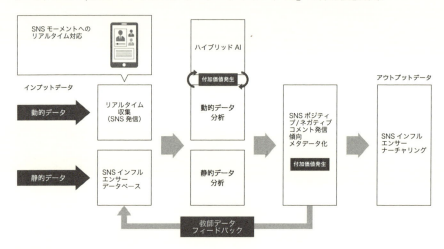

技術要素⑤：API 連携技術

"プラグ＆プレイ"を"トライ＆エラー"にする API 連携

あらゆるクラウドプラットフォーム，アプリケーション，オペレーション業務システムを流れるインプットデータとアプトプットデータの多様性が API 連携を困難なものにしています。

API で既存バックオフィスシステムと直接連携させる

　API 接続において既存システムとの直接連携にチャレンジします。SCMを重視するか，基幹業務システムとのデータ連携を重視するか，CRM/SFAを重視するかによって，オプション機能の取り込み方や全体の IoT 実装方法が異なります。

　PaaS レイヤーは，基幹業務システム，製造から物販までの SCM，CRM/SFA のアプリケーション群によって構成されます。製造業，サービス業もしくは，付加価値製品，非付加価値製品などの特長によって，SCM 重視もしくは CRM/SFA 重視の性格を有します。

> PaaS レイヤーの特徴

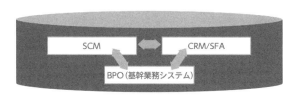

アプリケーション群　

　IoT レイヤーと PaaS レイヤーの接続において，SCM，BPO，CRM/SFA 機能の XaaS を実現し，それを外注化するか内製化するかが戦略的な実装法です。

　パーソントリップ産業は，CRM/SFA 重点モデルが適していると言えるでしょう。

　CRM（Customer Relationship Management）は顧客管理ツールの総称で，これまでの取引履歴や現行取引の管理用システムです。SFA（Sales Force Automation）は営業支援システムであり，「顧客ニーズは何か？」「複合的なニーズの関連性は？」といった戦略的な視点から CRM データを分析し，複数

事業部へのクロスセルを提案します。そのため，CRM/SFAは一対のツールとして用いられます。

➢ API連携システム構築アプローチ

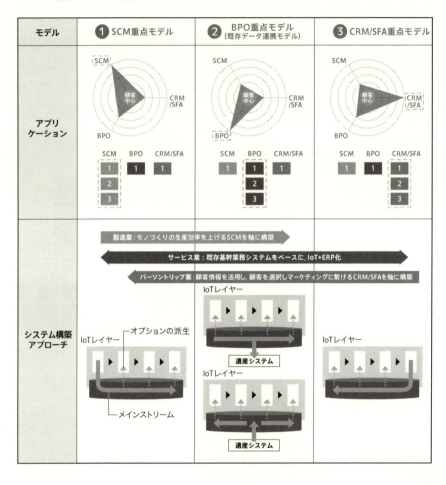

API 連携システムの実装法

STEP 1　CRM と SCM の最低限のバックオフィス業務システムを抽出する

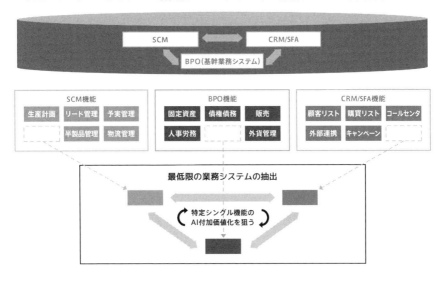

STEP 2　潜在顧客へのマーケティング戦略とオムニチャネル連動を設計する

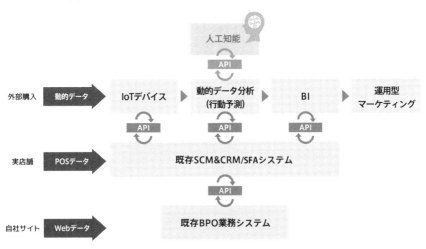

Lecture 05 生態学的ベイズモデルによる機械学習の基本プロトタイプ

STEP 3　パーソントリップ型クラウドのオフェンス機能とディフェンス機能の融合

オフェンス機能は，インターネット世界から集めた潜在顧客データベース（1次データレイク）からデジタル革新技術を用いて問題解決情報の分析と提示（2次データベース）を行い，実需化に成功するとバックオフィスサイドのCRM & SCMデータベースを形成します。

ディフェンス機能は，PEベースでの「収益＆原価構造」「KPI」「デジタル課税リスク」を分析し，グローバルベースにて地域拠点（製造拠点，取引拠点，運営拠点，本社）を最適化する組織設計手法です。

➢ **定量化モデル④：デジタル価値連鎖の循環性モデル**

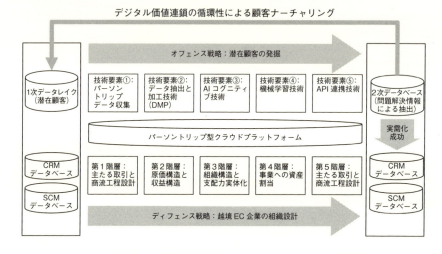

API連携システム構築の注意点

機能ありきではなく，運用ができるか，それが投資に見合うリターンを生み出すかの論拠性が問われます。そのためにも，できるだけ最小限の機能連携を行い，オプション機能の追加が本当に必要かどうかを検討しながら，付与してゆくことが現実的です。「できるだけ簡単な実装化」によるスタートアップが望まれます。

▶ポイント
- オーバースペックにならないこと(何が必要で,何が必要ないか見極めること)
- 機能からではなく,運用から構築すること(運用できるシステムであること)
- コストがかかりすぎないこと

Case Study 4

AI 搭載 ERP の付加価値

下記の2つの記事を読んで,下記の課題をグループで検討してください。

Ⅰ. AI を利用,管理業務を学習して効率化する ERP
(『日本経済新聞』2015年12月11日記事から抜粋)

ワークスアプリケーションズ(本社東京)は,ERP(統合基幹業務システム)の新製品「HUE」の提供を2015年12月10日に開始した。ERP とは,会計や人事などの情報を管理するシステムである。人工知能(AI)を利用することで,学習結果に基づいて人事情報の検索や会計作業などの業務を効率化できるという。同社の既存製品である「COMPANY」のユーザーは1100社あり,そのうち約100社と新規の約10社が HUE を導入する予定だという。「COMPANY のユーザーのほとんどは,4~5年の間に HUE へと移行するだろう」(ワークスアプリケーションズ代表取締役 CEO の牧野正幸氏)。

Ⅱ. ワークス創業以来の危機 上場廃止を選ばせた「初心」
(『NIKKEI STYLE』2017年8月12日記事から抜粋)(牧野 CEO インタビュー)

"創業後,最大の危機だと思いました。買われてしまえば,自分たちがしてきたことの価値がなくなるかもしれないのです。こうなったら,自分たちで MBO(経営陣が参加する買収)に踏み切るしかないと思いました。

MBO にはもう一つ，大きな理由がありました。それは当時の製品が抱えていた課題です。海外の競合相手は「ERP はもはやコモディティー化した」と宣言し，機能の強化をやめていました。日本でのシェアがトップになった我々も，小さな改善は進めていましたが，イノベーションが起きていない状況が続いていました。成長率の鈍化も，ここに根本的な理由があります。

　スマートフォン（スマホ）のアプリなどと違い，仕事で使う ERP ソフトの場合，使い勝手が悪くても顧客は「我慢」してくれます。そのため，製品の進化が鈍いのです。しかし，私たちの目的は，企業の煩雑な業務の負担を軽くして生産性を上げ，イノベーションをもたらす仕事にできる限り集中してもらうことでした。我慢させてはいけないんです。

　そのためには今までの延長でなく，全く新しい製品をつくる必要がありました。そしてそれには多くの開発費がかかることもわかっていました。費用がかさんで赤字になれば，株価が暴落してしまうかもしれません。それなら MBO という道もあると考えたのです。

■ MBO が生んだ「HUE」

　こうして生まれたのが，世界で初めて人工知能（AI）を搭載した ERP の「HUE（ヒュー）」でした。

　これを開発しようと思わなければ，上場を続けていたかもしれません。研究開発費を抑えながら地道に機能を強化し続けていけば，利益はもう少し増やせたでしょう。しかし，それでは会社をつくった意味がないと思ったのです。利益ではなく，新たなイノベーションを起こせる道を選んだのです"

〈グループディスカッション課題〉

① 牧野 CEO インタビュー記事内の「ERP はもはやコモディティー化した」ことの背景について，ERP における業務もしくは機能フローの変化を考察してください。

② 世界発 AI 搭載型 ERP「HUE」の機能を調査し，IoT レイヤー，PaaS レイヤー，BPO レイヤーの業務もしくは機能フローを図解してください。その際，①で考察した「コモディティー化された ERP」と比較し，どこに付加価値源泉があるかを考察し図解してください。（下記の図を参考にしてください）

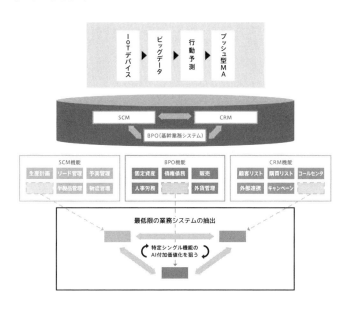

Lecture 05 生態学的ベイズモデルによる機械学習の基本プロトタイプ

Lecture 06 ビジネス事例①：観光 IoT ファンドと GPaaS のビジネスモデル

IoT と API エコノミーがもたらす非自前主義の社会インフラ

　本書は，デジタル革命時代の競争優位戦略には，デジタル価値連鎖が必須と考えます。具体的にはインフラなどのハードウェア，機能，運営ノウハウは XaaS として実体化され，API エコノミーは「作る」から「つながる」ビジネスモデルに変化させ，AI アルゴリズムなどのコグニティブソフトウェアが差別化要因になると予測します。

　同時に，社会インフラは，デジタル革新の自前開発から脱落するエンドユーザーのセーフティーネットとして，「非自前型プラットフォーム運用代行」のビジネスモデルをもたらしました。

　この汎用システムがあらゆるサービス産業で導入されれば，事業者は本業たるサービス提供に専心できます。

　産業別に固有 IoT 機能の多様な開発が進んだ結果，IoT 機能ライブラリーを形成します。クラウドベンダーは，必要な IoT 機能を API でつなげるプラットフォームを提供します。オペレーション機能も含めたビジネスモデルが，GPaaS と呼ばれる新しい付加価値サービスです。

パーソントリップ2.0時代の汎用化プレイヤー

　汎用的 IoT＋PaaS の社会インフラの価値を高めるためには，その市場を形成するすべてのプレイヤーの役割を観察し，どこに改善余地があるか，見定める必要があります。

➢ パーソントリップ2.0の汎用化プレイヤー

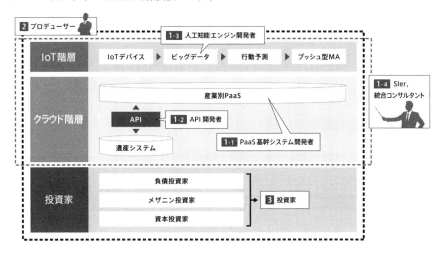

① 開発者
　1） PaaS 基幹システム開発者：既存システムとの連携性を確立
　2） API 開発者：SaaS 連結，IoT デバイスの標準化機器導入
　3） 人工知能エンジン開発者：問題解決型システムの開発
　4） SIer：統合コンサルティング
② プロデューサー
　問題解決情報を把握し，全ステイクホルダーをマネジメントするプロデューサー
③ 投資家
　地方創生ファンド，CVC, 地方自治体, 銀行

GPaaS という新オペレーションサービス

GPaaS は，資金の提供者であるファンドが，汎用的 IoT＋PaaS システムのハードとオペレーション機能をライセンス提供するビジネスモデルです。GPaaS が汎用的 IoT＋PaaS システムを提供することで，企業は個々に IoT 機能の開発をせずとも，提供される汎用システムを用いて，投資資金を本来の営業活動に注げることに意義があります。

➢ 汎用的 IoT＋PaaS インフラのコンセプト

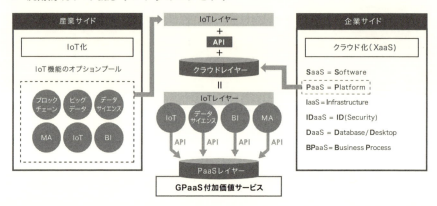

ファンド組成における GP と LP の役割

投資事業有限責任組合（Limited Partnership：LPS）というファンド組成においては，無限責任組合員（General Partner：GP）と有限責任組合員（Limited Partner：LP）が主な構成員です。GP は投資業務の運営者，LP はファンドへの投資家です。GP には独立して投資の意思決定を行う取締役もしくは投資委員会が存在し，LP との間には報酬や投資の意思決定に関する契約が結ばれます。LP はリスクを出資額に限定し，投資運営を GP に一任する仕組みです。

適格機関投資家等特例業務届出型の LPS ファンド

　LPS ファンドは，金融商品取引法の定めにより，出資者からの資金集めのための第二種金融商品取引業への登録と，投資事業のための投資運用業への登録が必要です。しかし，そのためには監督官庁への説明責任が必須となり，すぐに登録認可されるものではありません。

　そこで，多くのベンチャーキャピタルは，金融商品取引法の例外規定を用います。適格機関投資家等特例業務の届出により，第二種金融商品取引業と投資運用業の登録が免除されます。ただし，出資者の構成に制限があり，1名以上の適格機関投資家の出資と，それ以外の出資者の数を49名以下にする必要があります。

CVC 型ファンドと観光 IoT ファンドの親和性

　近年，事業法人による CVC 型ファンドの設立が増えてきました。CVC（Corporate Venture Capital）を子会社として設立し，自社の投資勘定として投資決定と運営を行います。

➢ LPS 型ファンドと CVC 型ファンドの違い

	LPS 型ファンド	CVC 型ファンド
出資者	有限責任組合員たる出資者（LP）	事業会社
運営者	無限責任組合員（GP）	子会社たる CVC
投資目的	フィナンシャル投資	投資先との事業シナジー創出による付加価値創出
特徴	LP と GP が区別され，運営業務が GP に一任されるため，投資先を決定できない「名ばかり GP」が出現する	事業会社が投資先との事業シナジーを目利きできるため，事業会社と投資先のコラボレーションが実現できる

　デジタル先進企業の CVC を介した投資活動と，自らのクラウドプラットフォームを介した事業シナジー創出活動とは，親和性が高いといえます。パー

ソントリッププラットフォーマーたる事業者が，CVC型観光IoTファンド組成することは合理的です。パーソントリッププラットフォーム開発者＋ファンド運営者（GPaaS）を基軸として，投資家（銀行などの負債投資家も含む）と投資先がデジタル価値連鎖上で結びつき，循環性のある付加価値創出活動が創出されます。それがCVC型観光IoTファンドのデジタルSDGsアプローチです。

通常のLPS型ファンド

LPS型ファンドスキームにおける出資者たるLP，運営者たるGPの役割を以下に示します。GPは投資対象への事業精査，投資実行，財務報告までのオペレーション業務を担います。

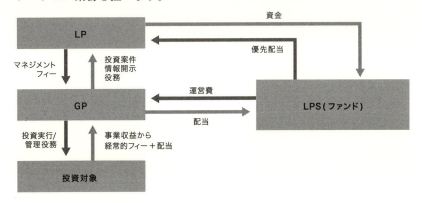

観光ファンドと「観光IoTファンド」の違い

GPaaSモデルと通常ファンドとの相違点は，GPaaSがAIコグニティブエンジン搭載型IoT＋PaaSシステムを保有することです。

観光ファンドは従来のGPaaSサービスのみで，観光IoTファンドは，従来のGPaaSサービスに加えて，汎用的IoT＋PaaSライセンスと資金提供基盤を与えることに違いがあります。

> 観光 IoT ファンド

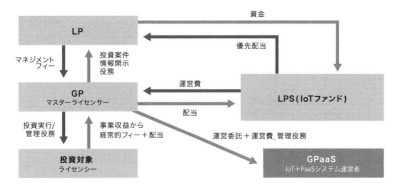

GPaaS ビジネスの法的コンプライアンス

① GP が IT システムオペレーターを兼務することの独占禁止法抵触リスク
② GP 出資を行う際の利益相反リスク

GP が GPaaS になる際，上記のリスクが生じますが，GP 内の情報隔壁，機能エンティティ分離，規定整備にて，法的コンプライアンスを担保できる見解が一般的です。

➢ GPaaS ビジネスモデル

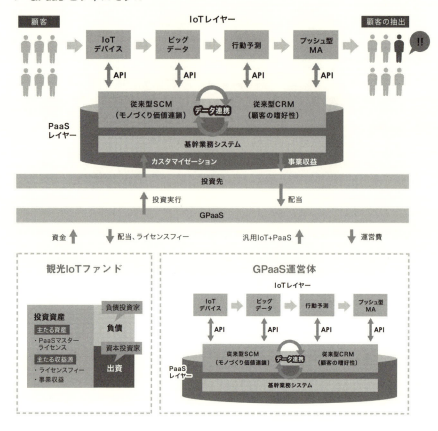

GPaaS ビジネスはブルーオーシャン指向型ビジネスモデル

　GPaaS ビジネスモデルは，そのエッセンスをフォーマット化することにより多様な産業に応用可能です。特にスマート工場 GPaaS，フィンテック GPaaS，パーソントリップ GPaaS（観光 IoT，外食 IoT，介護 IoT 等）に適しています。競合他社が少ないので，GPaaS はブルーオーシャン型ビジネスと言えるでしょう。

➢ GPaaS ビジネスモデルのプロジェクトフォーマット化

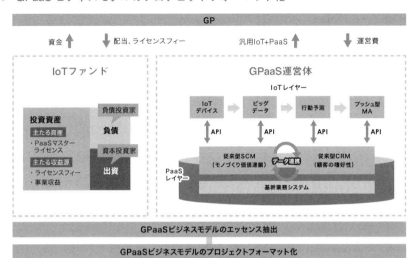

Lecture 06 ビジネス事例①：観光 IoT ファンドと GPaaS のビジネスモデル

Lecture 07	ビジネス事例②：越境EC企業のデジタル資産評価ゲーム

1　越境EC企業が対応を迫られる3つの交渉ゲーム

　「越境EC」は，観光IoTと並ぶパーソントリップ2.0化の代表格です。その共通点は，C2C型，D2C型プラットフォームです。越境EC企業は，国境を跨いだ個人間EC取引を収益源泉とするため，収益源泉の所有権と租税地の見地から，デジタル課税リスクが発生することが特異的です。国家間の租税条約ではそのリスクを担保しきれないため，越境EC企業は自社サービスを利用する多数ユーザーが所在する国家の税務当局とAPAやATRを締結し，デジタル課税リスクならびに，法人税，所得税に関する二重課税リスクを積極的に排除する必要があります。

　越境EC企業は，国家との交渉において必要とされる主要な3つの交渉ゲームを三層論理構成で連動させ，自陣を優位ポジションに導く戦略を示します。

> **交渉ゲーム①：デジタル無形資産の永続価値評価に代替する生態学的ベイズモデル**
> 　既存の価値評価におけるゴーイングコンサーンを前提とした永続価値（TV：Terminal Value）の代替算定手法として，生態学的ベイズアプローチによるAIコグニティブ手法の優位性を論証することで，デジタル資産の所有権もしくはその所有割合について，自社により益をもたらす交渉ゲームを可能にします。「Lecture13 新概念④：コトモノ財循環」の補遺として，その「循環性」を説明します。

> **交渉ゲーム②：越境 EC 事業計画におけるデジタル無形資産の収益源泉化**
>
> 次に，事業計画が交渉焦点に移った場合の論拠構成です。J-GAAP や IFRS ではデジタル技術の無形資産化の規定がないため，既存の会計基準の範疇にて解釈しなければならず，税務当局との交渉ゲームの焦点となります。既存の会計法によるデジタル無形資産評価の限界を論理的に指摘し，交渉ゲーム①で論証した「生態学的ベイズモデル」の合理性を示します。

> **交渉ゲーム③：サービス PE のデジタル課税リスクを回避する組織設計手法**
>
> 最後に，越境 EC の C2C 売上に対するデジタル課税源泉に交渉焦点が移った時の担保論理です。「サービス PE」に重点を置く BEPS プロジェクト（**Lecture17**）の国際税務潮流を先取りし，グロス売上高（Turnover）に対する二重課税を回避する事前回避策を取り入れる戦略が有効です。付加価値売上（VAS：Value-Added Sales）（**Lecture22**）を導入し，税務当局との課税収益に関する交渉ゲームで優位性を確保するべく「C2C取引対応型の組織設計」を行います。パーソントリップ2.0化において標準となるであろう越境型C2C取引履歴トラッキング機能を先行して導入し，デジタル課税リスクを自ら担保することで，法人税源泉，個人所得税源泉の裏付け情報提供にいつでも対応できる組織設計です。

2　交渉ゲーム①：デジタル無形資産の永続価値評価に代替する生態学的ベイズモデル[*1]

現行法（as-is モデル）の永続価値評価手法の問題点

ゴーイングコンサーンとは「継続企業を前提」とした事業価値評価の原則で

[*1] 佐久間優［2018］「パーソントリップ2.0化する越境 EC 企業の BEPS デジタル課税リスク〜 HTVI 永続価値評価の永久成長率を代替する生態学的ベイジアンモデル〜」『第61回日本経営システム学会全国研究発表大会講演論文集』pp.64-67

す。実務上の慣例として，永続価値（TV）は，事業計画の最終年度FCFを無限等比級数として算定します。CAPM理論に基づくWACCを可能な限り精緻に算出することで，3〜5年の事業計画の全体価値の8〜9割はTVで説明できます。デジタル無形資産評価において，ゴーイングコンサーンの原則は妥当と言えるでしょうか？ 最新のデジタル革新技術でさえすぐに陳腐化してしまう現実において，「資産価値は有限的」と考えるほうが合理的です。

> 現状（as-is）モデルの問題点

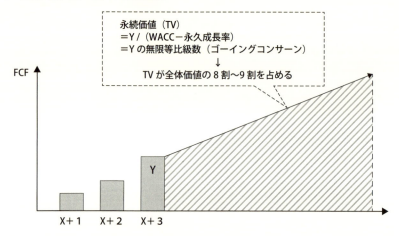

定量化モデル⑤：無形資産永続価値の評価モデル

　企業やデジタル革新技術を「生態系」として考えた場合，寿命，老化，再生などの生態学的な因子を取り入れることは自然です。「生存率（＝企業やデジタル技術の寿命）」，「減衰弾力性（＝再生やリノベーション）」等の生態学的概念は，固体の寿命は有限でも，種としての永続性を担保する全体モデルを示してくれます。デジタル無形資産の永続価値評価には，生態学アプローチを用いるほうが合理的です。

> 生態学的アプローチによる将来（to-be）モデル

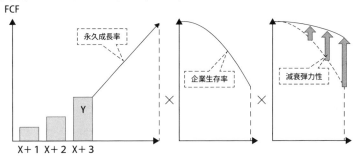

無形資産の生態学的永続価値評価アプローチ

Lecture 05 で学んだ「機械学習の基本プロトタイプ」を用いて，評価モデルを構築してみましょう。

STEP 1：企業生存率データの用意

実際の企業生存率データを入手します（生存関数1）。悲観的ケースとして補正係数を掛けた生存関数2，生存関数3を作成します。

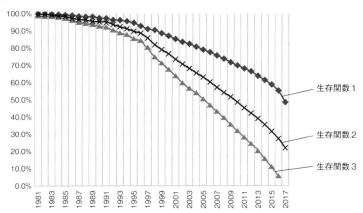

生存関数1：企業生存率（実際データ）
生存関数2：実際データの補正（補正計数0.05）
生存関数3：実際データの補正（補正計数0.03）

STEP 2：各生存関数を用いて FCF 1 単位に対する時系列データを生成

生存年数に対応する FCF は，

$$FCF_{n+1} = FCF_n \times (1 + WACC - g)$$

WACC：加重平均資本コスト

g：永久成長率

と表せます。ここで，WACC − g ＝ 3％ と仮定し，FCF 1 単位に対応する FCF を算出します。

年数	TV1	TV2	TV3	年数	TV1	TV2	TV3
1	1.03	1.03	1.03	20	1.58	1.24	1.39
2	1.06	1.06	1.06	21	1.59	1.20	1.37
3	1.09	1.09	1.09	22	1.61	1.16	1.35
4	1.12	1.11	1.12	23	1.63	1.13	1.34
5	1.15	1.14	1.14	24	1.65	1.11	1.34
6	1.18	1.16	1.17	25	1.66	1.07	1.32
7	1.21	1.18	1.19	26	1.67	1.02	1.30
8	1.25	1.21	1.22	27	1.69	0.97	1.27
9	1.28	1.23	1.25	28	1.70	0.91	1.24
10	1.32	1.26	1.28	29	1.70	0.86	1.22
11	1.35	1.29	1.32	30	1.70	0.79	1.18
12	1.38	1.31	1.34	31	1.71	0.72	1.14
13	1.42	1.32	1.36	32	1.71	0.64	1.09
14	1.45	1.34	1.39	33	1.69	0.55	1.04
15	1.47	1.35	1.41	34	1.68	0.44	0.96
16	1.50	1.36	1.43	35	1.65	0.32	0.88
17	1.51	1.34	1.42	36	1.60	0.17	0.78
18	1.54	1.29	1.40	37	1.45	0.00	0.64
19	1.56	1.27	1.39				

STEP 3：自己相関係数分析（ARMA/ARIMA）

「生存関数は，生まれてから何年目までの係数が一番適切か？」を調べるために，自己回帰モデル（ARMA/ARIMA モデル）を用います。下記に，生存関数 1 を用いて自己相関係数分析結果を示します。

$$y_t = \sum_{t=1}^{p} a_i y_{t-1}$$

生存関数 1 による分析結果

a_1	a_2	a_3	a_4	a_5
3.4819	-1.6286	-1.6228	1.8729	-1.1864
a_6	a_7	a_8	a_9	a_{10}
-1.8709	1.5211	1.3111	-1.5974	1.5753
a_{11}	a_{12}	a_{13}	a_{14}	a_{15}
-0.7055	-0.1599	-0.1304	-1.6705	1.8227

※ 自己回帰係数（a_i）：15 個

本モデルのフィッティング診断として残差分析を行い，残22係数の相互独立性を確認します。

STEP 4：減衰弾力性永続価値 tv 関数の設定

STEP 3 で作成した15年データに基づく自己回帰生存関数を事前分布として，「機械学習の基本プロトタイプ」に還流させ，無形資産の減衰弾力性（elasticity）永続関数を表現します。

　　　　無形資産の減衰弾力性永続関数：TV（t,i）
　　TV（t, i）=（β ×X（t, i）+α_i）+ε_i
　　　　　　=Z（t, i）+ε_i
$\alpha_i = \overline{\alpha} + \varphi i$
TV（t, i）：固定効果 + ランダム効果を含む減衰弾力性 TV 関数
X（t, i）：個別企業 i の t 行目が x_{it} となる説明行列
ε：時系列的ランダム効果
α：個別企業効果

αbar：個別企業効果のランダム要因（平均）

φ：個別企業効果のランダム要因（分散）

τ：εの精度

ω：φの精度

STEP 5：自己回帰式と企業年齢ポートフォリオから減衰弾力性因子を導く階層ベイズモデルの設計

　自己回帰式を事前分布，現在の企業年齢ポートフォリオを事後分布として与え，MCMC シミュレーションした結果は，減衰弾力性永続価値評価モデルに循環性を与える最適因子レンジを表していると考えられます。

企業年齢ポートフォリオ（2017）	
0 歳〜10 歳	32.2%
11 歳〜20 歳	19.0%
21 歳〜30 歳	11.0%
31 歳〜40 歳	8.6%
41 歳〜50 歳	9.0%
51 歳〜60 歳	5.7%
61 歳〜70 歳	4.4%
71 歳〜80 歳	1.2%
81 歳〜90 歳	0.9%
91 歳〜100 歳	0.7%
100 歳以上	0.9%

STEP 6：結論分析

　15年間データと37年間データが導く TV 関数最尤パラメーターを比較します。すると，自己回帰式の弾力期間15年間データによる減衰弾力性永続価値関数の最尤パラメーターすべてにて，偏差情報量基準（n.eff）が37年データより有意であることがわかりました。従って，自己回帰モデルに基づく階層ベイズ推定値モデルが，無形資産の永続価値算出により適していることがわかりました。

➢ 37年データが導く TV 関数最尤パラメーター

	mean	SD	2.5%	50%	97.5%	n.eff
α[1]	0.0	0.1	-0.1	0.0	0.2	480
α[2]	-1.3	0.0	-1.4	-1.3	-1.2	250
α[3]	-0.8	0.0	-0.9	-0.8	-0.7	1000
α[4]	-1.0	0.0	-1.1	-1.0	-1.0	1000
αbar	-0.8	0.5	-1.7	-0.8	0.1	460
β	1.0	0.0	1.0	1.0	1.0	390
τ	17.6	2.1	13.9	17.4	21.9	880
ω	3.1	2.6	0.2	2.5	9.9	910
deviance	-3.6	3.4	-8.3	-4.2	4.3	1000

(pD = 5.9 and DIC = 2.3)

➢ 15年データが導く TV 関数最尤パラメーター

	mean	SD	2.5%	50%	97.5%	n.eff
α[1]	0.0	0.1	-0.2	0.0	0.2	1000
α[2]	-1.0	0.0	-1.1	-1.0	-0.9	400
α[3]	-0.9	0.0	-1.0	-0.9	-0.8	1000
α[4]	-0.9	0.0	-1.0	-0.9	-0.9	1000
αbar	-0.7	0.5	-1.6	-0.7	0.0	740
β	1.0	0.0	1.0	1.0	1.0	1000
τ	39.2	7.4	26.3	39.2	53.9	560
ω	4.3	3.6	0.3	3.3	14.0	1000
deviance	-50.0	3.8	-55.2	-50.7	-40.6	1000

(pD = 6.1 and DIC = -43.9)

➢ ベイズ推計結果のパラメーターが意味すること

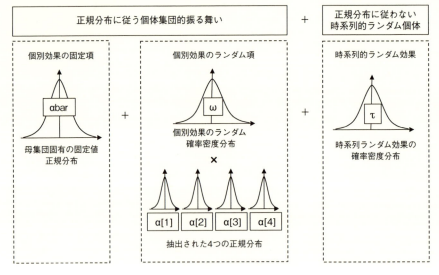

　認識すべきことは，これまでの価値算定手法であるCAPM理論＋DCF法については，すでに社会的コンセンサスが形成されており，「永続的価値は無限等比級数とする」という末梢部分は，それ自身が課題認識されていないことです。したがって，交渉焦点を「既往手法の問題点」としてしまうと本質を逸脱してしまう恐れがあり，生態学的ベイズモデルによって導かれた「適正価値レンジ」の主張は，「手法論的是非を問う」という複数意見が対立するゲーム的状況に置かれてしまいます。したがって，交渉ゲーム②の「越境EC事業計画におけるデジタル無形資産の収益源泉化」というデジタル無形資産の本質性に交渉ゲームの焦点があたるように導く必要があるでしょう。

3 交渉ゲーム②：越境EC事業計画におけるデジタル無形資産の収益源泉化

交渉ゲーム②の目的を，以下の2つに定めます。
- デジタル無形資産を収益源泉化した事業計画を策定し，BS計上する合理的論拠を示すこと
- さらに，デジタル無形資産の減価償却（Amortization）により，課税収益を極小化する節税策を示すこと

交渉ゲームとは「真理の追求」ではなく，むしろ「反証理由の論証」となるディベートの様相を呈します。したがって，これまでの無形資産価値評価の歴史を知り，その問題点を知ることは，それを知らない交渉相手に対して優位に立つことを意味します。

将来価値の算定方法の基本

定量的手法の基礎となる概念は，フリーキャッシュフロー（FCF）です。未来的価値を評価するDCF（Discounted Cash Flow）法において「事業価値は将来FCFの総体」という前提があります。「あらゆる資産は将来FCFの総体を現在価値に割引いたもの」がバリュエーションにおけるコンセンサスです。

> FCF＝営業利益－税金－設備投資＋減価償却 ± 運転資金の増減

本来の生業によって稼いだ営業利益から税金を納税義務として支払い，将来の営業利益の源泉として必要な当年分の設備投資額を時間的平準化して支払い，会計的なコストであっても実際のキャッシュアウトではない減価償却を時間的平準化して足し戻し，運転資金の増減に見合う現金を営業資産にする，ことを意味しています。

「事業価値評価の基礎となるFCF定義式」にも無形資産源泉が含まれていないことがどのような影響を及ぼすか，反対にそれを含めることで越境EC事

業計画策定をどのようなゲーム的状況にするか考察をします。

> FCF 定義式にみる「費用の時間的平準化」への疑問

なぜ「減価償却」だけ特別扱いなのか？
費用の「時間的平準化」が必要な科目は他にはないのか？

戦略的 FCF の「調整項目」の意義

価値評価の交渉過程においては、FCF 定義式の意義を知り自在に操ることが、交渉を優位に導く大前提です。交渉ゲームにおける DCF 法の場合、FCF 生成式には「調整項目」が入り、それを戦略的 FCF とします。

> 戦略的 FCF ＝ 営業利益 − 税金 − 設備投資 ＋ 減価償却
> 　　　　　± 運転資金の増減 ± 調整項目

戦略的 FCF 生成式には「調整因子」があるために、実務で FCF を計算するときに解釈の余地が発生します。100人が100通りの FCF を算出できることが可能になるのは、この調整項目の理解に依存します。

価値評価交渉におけるバリュエーション対決

価値評価交渉には、交渉相手が提示する論理展開に対して、あらゆる会計・財務・税務の観点から反証する技量が求められます。資産の多くは有形・無形を問わず一物多価です。価値評価交渉において一物一価が定まり、会計上の帳簿に記載されます。しかし、交渉が暗礁に乗り上げたときに、バリュエーション対決に発展します。

> バリュエーション対決で「一物一価」に決定される

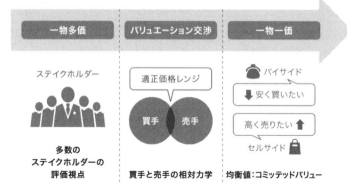

出典:『M&A交渉人養成プログラム』中央経済社, p.160を一部修正

交渉相手の交渉戦略を推測する

M&Aでは交渉相手は、買収企業もしくは被買収企業ですが、越境EC取引では課税当局や相手サイドアドバイザーが交渉相手となるでしょう。ここでは、事業計画の妥当性検討における一般的な焦点を示します。

戦略的FCF、戦略的デューディリジェンス（戦略的DD）、戦略的バリュエーションの3つのツールを駆使して、価値評価交渉戦略を構築します。「戦略的」とは、FCF生成式の調整項目を交渉ターゲットとして、FCF生成式の解釈を自陣に有利な方向に導くことです。

> バリュエーション対決の3つのツール

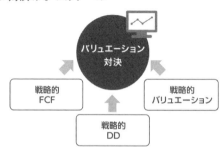

戦略的DDのターゲットポイント：3つの実態性の解明

実態性には実態収益力，実態純資産，実態FCFがあります。戦略的DDで精査ターゲットを絞り込み，価値評価交渉戦略に落とし込みます。

焦点	戦略的DD：3つの実態性の解明		価値評価交渉戦略
1	実態収益力	▶トップラインの解明	▶売上高，付加価値売上高の差異
		▶営業利益の解明	▶費用の賦課率論理性
2	実態純資産	▶実態純資産の解明	▶BS科目の評価（資産，負債の過小性，過大性）
3	実態FCF	▶調整因子の解明	▶実態収益力，実態純資産を反映した実態FCF
目的	焦点アイテムを力点に戦略的DDを実行		▶価格交渉戦略の立案 ▶交渉カードの多様化

出典：『M&A交渉人養成プログラム』中央経済社，p.172を一部修正

戦略的DDで狙う3つのグレーゾーン

戦略的DDではグレーゾーンに存在する科目の実態性に踏み込みます。グレーゾーンを持つ科目は，その解釈で自陣を有利にする，あるいは相手陣営を不利にすることにより，FCFを加減させる戦略です。

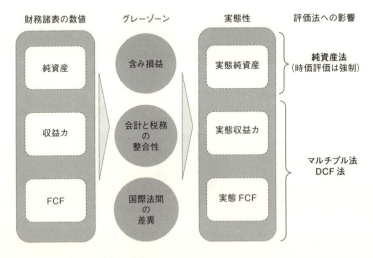

出典：『M&A交渉人養成プログラム』中央経済社，p.173

① 資産の時価評価と含み損益のグレーゾーン

M&Aでは支配力の移動に着目します。支配力が移動することを税制非適格といい，この場合，売買対象物は時価評価になります（時価ディール）。これに対して，支配力が移動しない場合は税制適格となり，売買対象物は簿価のまま引き継ぎます（簿価ディール）。

時価譲渡の場合，資産の含み損益を清算するため，財務諸表の価値が適正であるか再評価する必要があります。含み損益をこのタイミングで実現するかしないかは，スキーム決定における重要な視点です。簿価取引の場合は，税制適格のストラクチャリングが必要です。

戦略的DDターゲットは，資産の時価評価と含み損益の確定です。

戦略的DDターゲット	交渉ポイント
資産の時価評価と含み損益のグレーゾーン	簿価時価ディールにおける実態性を担保する将来FCFの実現性

② 会計と税務の違いによるグレーゾーン

税務上の損金や益金への算入／不算入の適法性，評価法の適正性が焦点です。日本会計基準，税務基準と国際会計基準の違いによるグレーゾーンです。

戦略的DDターゲット	交渉ポイント
会計基準差異のグレーゾーン	償却資産と非償却資産，のれんの適正性，無形資産償却，研究開発費用，退職給付引当金の適正性の判断

③ デューディリジェンスターゲット：それ以外のグレーゾーン

監査済みの科目を否認するには相当の論拠性が必要になります。したがって，監査済みでない科目を攻めることがより有効です。

戦略的DDターゲット	交渉ポイント
監査済みでない科目	余剰資金と運転資金見合の現金，アンレバードFCFでの比較，オフバランス資産の影響

交渉用フットボールチャートの見せ方

価値交渉実戦用のフットボールチャートは，自陣に有利な戦略的主張をするための道具です。戦略的 DD にて影響を及ぼす可能性のある科目を明確化し，自陣の交渉戦略を明確化します。

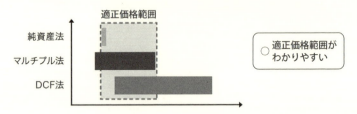

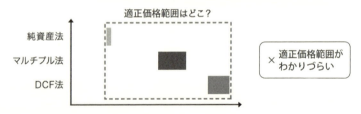

出典：『M&A 交渉人養成プログラム』中央経済社，p.175

フットボールチャートを操る発想法

ツールに操られないためには，帰納的論理展開を行い，自陣に有利な調整項目について抗弁論拠を用意することが重要です。

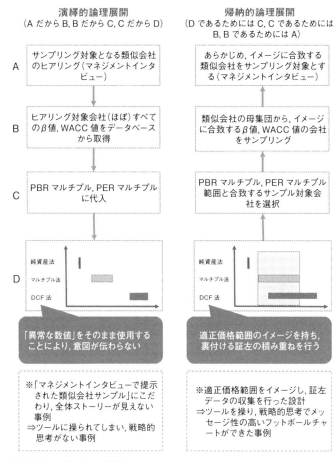

出典:『M&A交渉人養成プログラム』中央経済社, p.179

デジタル無形資産の費用化を実現する時間的繰延べの概念

デジタル無形資産に付帯する時間的繰延べ科目は，引当金，減価償却費，評価損，繰越欠損金，繰延税金資産が5大難解科目です。

財務諸表を難解にする原因の1つは，これらの科目がBSに一度資産計上されてからPLに費用化されることにあります。その概念を実現する手段として

「時間的に均等に繰り延べる」という概念は，国際的に合理的と考えられています。しかし，計上しすぎると，税務否認リスクが発生します。

➢ 時間的繰延べの解釈の違いによる税務否認リスク発生

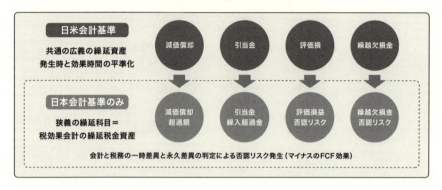

繰延税金資産と引当金のゲーム的意義

繰延税金資産とは，将来，損金として計上できることを前提に，前払い税金を資産計上できる会計ルールに基づく資産です。繰延税金資産の裏打ち資産が存在し，その資産が将来生み出す利益に対する税金を平準化する仕組みです。

代表的な繰延税金資産の裏打ち資産

貸倒引当金，退職給付引当金，品質保証引当金，
減価償却費，棚卸資産評価損，有形資産減産損失，
繰越欠損金

引当金には，将来損失に備える「評価性引当金」と，将来費用に備える「負債性引当金」があります。

税法上認められた引当金

❶ 貸倒引当金（評価性引当金）
❷ 返品調整引当金（負債性引当金）

税法上は，原則として費用の見積計上（引当金）は認められませんが，「貸倒引当金」「返品調整引当金」については，例外として費用の見積計上が認められています。税法上の引当金には，一定の繰入限度額（損金算入限度額）が設けられており，これを超えるものについては損金算入が認められないため，有税引当となります。

繰延税金資産のゲーム的状況

　引当金の評価が難解である理由は，次の点です。
- 評価性引当金と負債性引当金の区別
- 会計法上の債務と債務でない引当金の区別
- 税法上認められた引当金と認められていない引当金の区別

　様々な種類の引当金を設定し，税効果会計上の繰延税金資産に姿を変えることにより，単独の有税引当金よりも戦略的に節税にチャレンジするゲーム的状況の構造があります。繰延税金資産は，引当金計上へチャレンジするデットライクアイテムの総体です。無形資産を裏打ち資産としたデットライクアイテムの適切性を主張することを難解にしている構図は以下の通りです。

Lecture 07 ビジネス事例②：越境EC企業のデジタル資産評価ゲーム

繰延税金資産の裏打ち資産の資産性

　繰延税金資産は将来の損金であり，裏打ち資産に紐づいていますので，将来性に疑義のある裏打ち資産はその資産性に疑義が生じます。逆に言えば，デジタル革新技術の知的財産やオペレーションノウハウなどの無形資産の将来的なFCF創出力を証明できれば，繰延税金資産サイドから資産計上にチャレンジすることができます。

　▶ポイント：繰延税金資産に計上された引当金が示唆するゲーム的状況
- 引当金の保守的計上は合理的であるが，過度な引当金計上は，有税引当になる可能性あり
- 引当金の資産計上にチャレンジし税務否認されないなら，単独引当金として計上する
- 財務否認されるなら，繰延税金資産に計上し，PLの法人税等調整額で当期利益のプラス項目を狙う（一括償却と戻り益）

　税効果会計を導入している企業は，有価証券報告書において，法人税費用の欄に「一時差異及び繰延税金資産（負債）の増減」が記載され，繰延税金資産の構成要素がわかります。それによって，税効果会計にて計上されている引当金を把握できます。

4　交渉ゲーム③：サービスPEのデジタル課税リスクを回避する組織設計手法

　交渉ゲーム③は，デジタル課税リスクに対処する対策として，組織設計段階からC2C取引属性をトラッキングできる制度設計を取り入れることで，デジタル課税リスクを排除する手法です。

「組織設計 5 階層モデル」は B2C, C2C 共通の組織設計図

地域拠点,事業体,機能,出資は,組織オブジェクトであり,その設計の AI コグニティブ化にはそれぞれの構成意義を担保する設計順序があります。買収企業,被買収企業の複数拠点の統合を階層化したものが,組織設計 5 階層モデルです。

➢ 組織設計 5 階層モデルの AI コグニティブ化

企業組織設計図のオブジェクト	各オブジェクトの AI コグニティブ化
第 5 階層： グローバル組織構造	連結収益を最大化させる PE 間利益移転の AI コグニティブ化。6 つの制約条件 ① BEPS デジタル課税 ②個人情報保護法（GDPR） ③移転価格税制 ④アームスレングスルール ⑤タックスヘイブン対策税制 ⑥組織再編税制 の条件下での連結収益最大化シミュレーション。
第 4 階層： 事業への資産割当と投資回収	各事業への原価配賦最適化の AI コグニティブ化。 分割 BS,販管費,売上原価による事業別投資回収評価シミュレーション。
第 3 階層： 組織構造と支配力実体化	各 PE（製造 PE,販売 PE,運営 PE,地域拠点,グローバル拠点）の支配力 / 影響力最適シミュレーションの AI コグニティブ化。
第 2 階層： 原価構造と収益構造	販売予測と製品製造工程最適化の AI コグニティブ化。 KPI 閾値の制約条件下,地域拠点の組立工程,原価構造,収益構造の最適化シミュレーション。
第 1 階層： 主たる取引と商流工程設計	取引ベースの構造化ビッグデータ作成。 拠点の取引帳票からベクトル化（取引の方向性と付加価値属性の付与）の前処理工程。

出典：『M&A 交渉人養成プログラム』 中央経済社,p.36 を一部修正

「組織設計 PDCA サイクル10ステップ」はグローバル組織設計の定量化モデル

製造業の組織設計フレームワークについては，拙著「M&A 交渉人養成プログラム」（中央経済社）の中で「組織設計5階層モデル」と「PDCA サイクル10ステップ」を用いた設計手法を詳述しています。本書は，越境 EC 企業がデジタル課税リスクを回避する目的として制度設計を行う際の注意点を補完します。

> 組織設計5階層モデルと PDCA サイクル10ステップの関係

組織設計5階層モデル		PDCA サイクル10ステップ	
第5階層	グローバル組織構造	ステップ10	エクイティーストーリーと事業計画策定
		ステップ9	BEPS 対応型グローバル組織策定とオプション価値
第4階層	事業への資産割当と投資回収	ステップ8	投資回収の評価
		ステップ7	事業への資産割当
第3階層	組職構造と支配力実体化	ステップ6	戦略機能とオペレーション機能の分離
		ステップ5	組織実体と組織形態の策定
第2階層	原価構造と収益構造	ステップ4	経営評価指標 KPI とターゲット設定
		ステップ3	原価構造と収益構造の分析
第1階層	主たる取引と商流工程設計	ステップ2	主たる取引の抽出と製品ミックス再編
		ステップ1	取引の分類と属性の付与

出典：『M&A 交渉人養成プログラム』 中央経済社，p.37

時間軸で制御される「定量化モデル⑦：PE SILO モデル」

第1階層から第2階層は，C2C 取引に様々な属性を付与し，問題解決情報分析に備える前処理フェーズです。

第3階層以上の PE 最適化は，時間軸上で並列的，順列的に AI コグニティブエンジンが影響を及ぼし合うため，工程フェーズごとの制約条件と過去の時系列取引データから，実需創出予測をリアルタイムで行います。

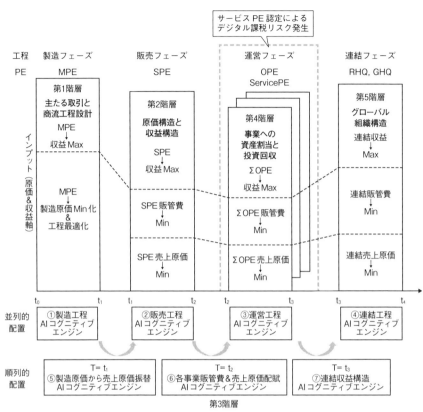

使用する PE

製造拠点	MPE：Manufacturing Permanent Entity
販売拠点	SPE：Sales Permanent Entity
運営拠点	OPE：Operating Permanent Entity ※BEPSにおける「サービスPE (SePE)」と同意
地域統括拠点	RHQ：Regional Head Quarter
グローバル統括拠点	GHQ：Global Head Quarter

Lecture 07 ビジネス事例②：越境EC企業のデジタル資産評価ゲーム

PE 設計における「原価振替の境界値問題」のゲーム的状況

越境 EC ビジネスにおける,製造フェーズ,販売フェーズ,運営フェーズは,時間軸,空間軸上で順列的もしくは並列的に発生する複雑系集合体です。実務上の原価振替は権限委譲された PE 主導で判断され,原価データは日々変化するため,PE 設計における過去時系列データの AI コグニティブ化では,全体最適解と各階層最適解は常に変化します。

取引単位分割法に準拠した PE 間の取引振替はスポットで発生するため,例えば,製造フェーズから販売フェーズへの一連の取引科目の振替は,$T=t_1$ においてスポット処理されるべきです。しかし,現実では個々の取引を一連の取引科目に紐づけする作業前後でタイムラグが発生するため,実務上では PE 全体を俯瞰した順列的かつ並列的な全体最適化問題となります。これが,PE 間の原価振替に係る境界値問題のゲーム的状況です。

➢ 各フェーズの AI コグニティブ化と境界値問題

①各フェーズの並列的 AI コグニティブエンジン

②各フェーズの順列的 AI コグニティブエンジン

③アウトプットの並列的フィードバック

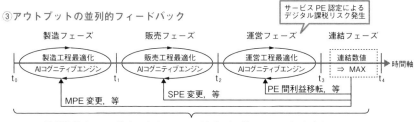

越境 C2C 型 EC 企業の組織設計

①組織設計 PDCA ステップ 1：取引の分類と属性の付与

「C2C 型主たる取引」の抽出

　越境 EC 企業の「主たる取引の抽出」の前提条件を与えます。「第 1 階層：主たる取引と商流工程設計」で C2C 取引の構造化データを作成できるか確認し、「第 2 階層：原価構造と収益構造」にて、製造フェーズ、販売フェー

ズ,運営フェーズの「主たる取引」を策定し,幹となる最適化ストーリーを提示します。特に,第1階層でＣ２Ｃ取引データを構造化する作業にて,シミュレーションが可能なデータ属性の紐づけが焦点になります。「取引データ」は,現実社会で実体を認識できる恒久的施設（PE）から「総勘定元帳」を入手します。特に,サービスPE認定の危険性がある場合は,Ｃ２Ｃ取引情報の個人情報属性（アカウントID,商品,収益,取引相手のアカウントIDなど）が必要です。

> サービスPEにおける総勘定元帳の属性

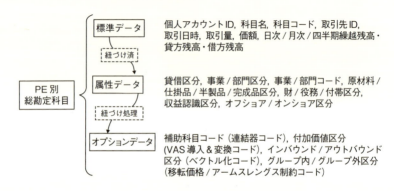

オプションデータの付加によって,未確定の債権債務の勘定科目の突合せを行い,確定済み債権債務ビッグデータを作成します。この作業によって,サービスPEの収益構造,原価構造をシミュレーションすることができます。

サービスPEベースの取引見える化

各PEから入手する総勘定元帳はスカラー情報です。したがって,取引データを4つのパターンに分類することによりベクトル化し,越境Ｃ２Ｃ取引の見える化を行います。from-to取引（原価構造）,in内部取引（収益構造）,金融取引（資金ポジション）へ分解すれば,「どのような属性を持つＣ２Ｃ取引が問題解決情報の分析要素になるか？」を分析できます。PEご

との原価構造，収益構造，債権債務消込率，デジタル課税高リスク／低リスク国のエクスポージャーなどの問題解決情報を提示する有益な機序になります。

> 総勘定元帳からわかる「4つの取引パターン」

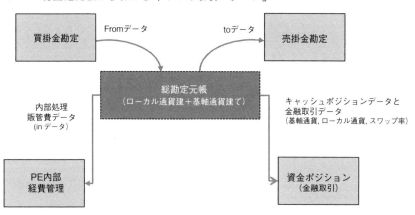

	日付	科目	借方	貸方	個人アカウント	個人居住地
パターン1			インバウンド (From)矢印生成	買掛金勘定	個人属性がC2C取引に紐づくことで，サービスPEのデジタル課税リスク，収益構造，原価構造を評価できるアルゴリズムが成立	
パターン2			売掛金勘定	アウトバウンド(to) 矢印生成		
パターン3			InデータとしてPE内の販管費として収益構造因子生成	PE内部処理 経理管理		
パターン4			資金ポジション	金融取引データとしてPE内の金融資産を基軸通貨，ローカル通貨で表し，為替リスクを示す		

　From-To 矢印のベクトル情報によって，未確定債権債務の確定作業が見える化できます。各PEの総勘定元帳のデータは，未確定債権債務と確定債権債務がスポット値です。スポットデータである未確定債権債務（＝Aベクトル群）をベクトル化し双方向に飛ばすことによって，確定債権（＝Bベクトル），未確定債権債務残（＝Cベクトル群）を可視化できます。この可視化の意義は，各拠点でどのようなC2C取引が発生しているかを「個別取

引積算式」で示し,会計上の確定消込の状況を客観視化できる組織設計ツールであることです。「課税収益の在り処」を焦点とする課税国当局との交渉ゲームにて論拠的な優位性を担保する交渉ツールとしても有効です。

➤ サービス PE の未確定債権債務の会計的消込作業の見える化

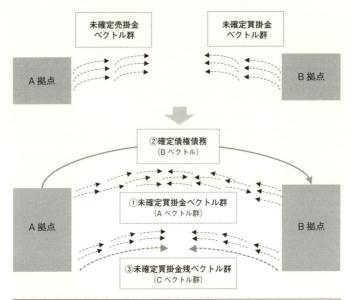

サービス PE での取引ビッグデータ前処理の流れ

　ベクトル化されたＣ２Ｃ取引が会計的消込みを為されるためには,事前にフォーマッティング処理が必要です。

> サービス PE の C 2 C 取引消込み前処理ステップフロー

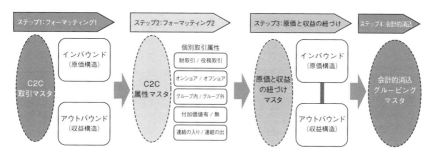

出典:『M&A 交渉人養成プログラム』中央経済社, p.44

STEP 1：原価属性を付与するための C 2 C 取引マスタ作成

取引マスタを作成して，原価属性を付与します。インバウンド取引に原価構造属性を付与するため {T1,T2,T3} の取引マスタ ID を使用します。アウトバウンド取引には収益構造属性を付与するため {T4,T5,T6} の取引マスタ ID を使用します。

C 2 C 取引マスタ

インバウンド取引	取引の原価属性		
取引マスタ ID	売上原価科目取引	営業費科目取引	営業外費科目取引
T 1	1	0	0
T 2	0	1	0
T 3	0	0	1

アウトバウンド取引	取引の収益属性		
取引マスタ ID	付加価値売上取引	非付加価値売上取引	それ以外の取引
T 4	1	0	0
T 5	0	1	0
T 6	0	0	1

出典:『M&A 交渉人養成プログラム』中央経済社, p.44

STEP 2：取引属性を付与する C 2 C 属性マスタの作成

属性マスタを作成して，取引属性を付与します。属性マスタ ID として{v1〜v5}を定義し，取引抽出条件に対して基本はポジティブ（フラグオン：1）とし，ネガティブの場合はフラグオフ（引数：0）とします。

取引マスタID	v1 財取引：1 役務取引：0	v2 オンショア：1 オフショア：0	v3 グループ内：1 グループ外：0	v4 付加価値創出：1 それ以外：0	v5 連結の入り：1 連結の出：0
v1	1	0	0	0	0
v2	0	1	0	0	0
v3	0	0	1	0	0
v4	0	0	0	1	0
v5	0	0	0	0	1

出典：『M&A 交渉人養成プログラム』 中央経済社，p.45

STEP 3：原価と収益の紐づけマスタ作成

インバウンド取引とアウトバウンド取引の紐づけを行います。サービスPE に帰属する営業費科目，営業外費科目を，C2C 取引に紐づけます。{T4〜T6}の収益に対して，原価構成を割り振ります。例として，T1（売上原価）の9割は付加価値製品，1割は非付加価値製品に割り当てられるとします。T2（営業費）は賦課される間接費用の性質が強いため，事業への賦課基準に基づき，付加価値事業，非付加価値事業，それ以外へ割り当てます。T3（営業外費用）は金融費用などの性質が強いため，均等に配賦します。

原価と収益の紐づけマスタ	T4	T5	T6
T1	90%	10%	0%
T2	50%	30%	20%
T3	33%	33%	33%

出典：『M&A 交渉人養成プログラム』 中央経済社，p.45

STEP 4：会計的消込ためのグルーピングマスタの作成

サービス PE にて未確定債権債務のマッチングを行い，債権債務を確定します。STEP 3 までのマスタにより，確定売上に対して原価も紐づけられ，収益も確定する仕組みが会計的消込です。

【マッチング条件】

　From ベクトル：「債権発生国」，「債権者アカウント」，「債務者アカウント」，
　　　　　　　　「債権価格」，「取引日時」
　To ベクトル：「債務発生国」，「債務者アカウント」，「債権者アカウント」，
　　　　　　　「債務価格」，「取引日時」

確定された債権債務は，サービス PE が付加価値売上の根拠とする「主たる取引候補」となります。したがって，主たる取引抽出のもとになるグルーピングマスタを形成させます。

グルーピングマスタの完成

取引グループID	インバウンド	v1	v2	v3	v4	v5	アウトバウンド	v1	v2	v3	v4	v5
G1												
G2												
G3												
G4												

出典：『M&A 交渉人養成プログラム』 中央経済社, p.46

②組織設計 PDCA ステップ 2：主たる取引の抽出とコトモノ財ミックス再編

主たる取引抽出フロー

STEP 1 ～ 4 の前処理で作成したグルーピングマスタを用いて，主たる取引を策定します。

> 主たる取引抽出ステップフロー

出典:『M&A交渉人養成プログラム』 中央経済社, p.59一部修正

STEP5：コトモノ財別の主たる取引の抽出

　グルーピングマスタに定義された取引グループごとに個別取引をビッグデータから抽出し，取引ベースでの原価＆収益データをまとめます。この際，サービスPEにおける付加価値型財取引と役務取引の取引統合モチーフ①～②により，主たる取引の「一連の取引」ルートを決定します。

取引統合モチーフ①　付加価値製品とコモディティー製品の財取引入れ替え

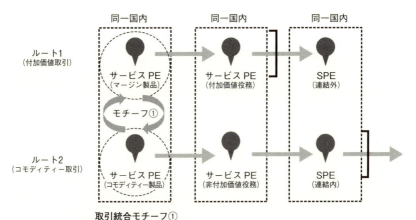

取引統合モチーフ①
付加価値製品とコモディティー製品の
プロダクトミックスの入れ替え

出典：『M&A交渉人養成プログラム』 中央経済社, p.55一部修正

取引統合モチーフ②　コトモノ財による戦略的付加価値サービスの入れ替え

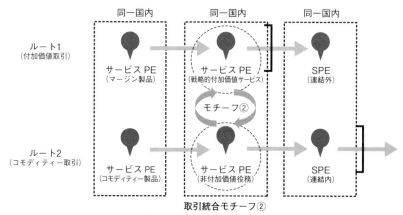

取引統合モチーフ②
コトモノ財による戦略的付加価値役務サービスの入れ替え

出典:『M&A交渉人養成プログラム』中央経済社，p.55一部修正

C2C取引グループごとの原価＆収益データ抽出

取引グループID	サブID	PE	製品	付加価値創出	取引数量	取引額	営業利益	営業利益率(取引ベース)
G1	1							
	2							
	3							
	4							

出典:『M&A交渉人養成プログラム』中央経済社，p.60一部修正

　取引ベースでの取扱数量，取引額，営業利益，営業利益率を検討し，主たる取引と取引ルートを決定します。

主たる取引	一連の取引ルート				営業利益率(取引ベース)
	取引グループID	サブID	取引グループID	サブID	
M1	G1	1	G2	1	
M2	G1	2	G3	1	
M3	G2	1	G4	2	
M4	G3	1	G4	3	

出典:『M&A交渉人養成プログラム』中央経済社，p.60

Lecture 07　ビジネス事例②：越境EC企業のデジタル資産評価ゲーム

STEP 6：主たる取引シミュレーション

　主たる取引を構成するグルーピング取引群の原価構成を加重平均して，「主たる取引」ごとの原価構成を算出します。「主たる取引」以外の取引を存続するか，廃止するかは経営判断になります。これにより，積み上げ方式による原価構成ができます。この原価構造は，PE の収益構造設計に用いられます。

主たる取引		取引			一連の取引の原価　収益構造			
主たる取引ID	製品ID	単価	量	取引額	売上原価(%)	営業費(%)	営業外費(%)	営業利益率(%)
M 1	コトモノ財A							
	サービスB							
M 2	コトモノ財C							
	サービスD							
M 3	コトモノ財E							
	サービスF							

出典：『M&A 交渉人養成プログラム』中央経済社，p.60

STEP 7：PE 別の主たる取引のベクトル化

　STEP 5 と同じ手順で，PE ごとのインバウンド／アウトバンド属性因子にて抽出し，取引のベクトル化を行います。

　　抽出条件 1 ＝「拠点名」,「インバウンド：オン」,「グループ外：オン」,
　　　　　　　　「取引額 >30％（＝拠点の KPI 閾値）」

　　抽出条件 2 ＝「拠点名」,「アウトバウンド：オン」,「付加価値創出：オン」,
　　　　　　　　「営業利益率 >10％（＝拠点の KPI 閾値）」

　抽出条件 1 ＆ 2 にてグルーピングし，ベクトル化された取引グループを形成させます。

取引グループID	PE	インバウンド アウトバウンド	財取引役務取引	オンショア オフショア	グループ内 グループ外	付加価値創出	連結の入り連結の出	取引数量	取引額	営業利益率(%)	加重平均営業利益率(%)
G1		インバウンド									
G2		インバウンド									
G3		アウトバウンド									
G4		アウトバウンド									

STEP 8：PE ベースの主たる取引シミュレーション結果提示

主たる取引を構成する製品グルーピング群がベクトル化されました。原価構成を加重平均して，製品ごとの原価構成を算出すれば，製品単位の積み上げ方式による原価構成結果が示されます。

主たる取引		インバウンド			アウトバウンド			一連の取引の原価構成				
PE	製品	単価	量	取引量	単価	量	取引量	売上原価	変動費	限界利益率(%)	固定費	営業利益率(%)
PE1	コトモノ財A											
	サービスB											
PE2	コトモノ財C											
	サービスD											
PE3	コトモノ財E											
	サービスF											

以上のプロセスにて，主たる取引の PE 別付加価値利益発生ポイントが定まり，PE 再編と第3階層以上の最適化の準備が整いました。

③組織設計 PDCA ステップ3：原価構造と収益構造の検討

主たる取引は，積み上げ方式にて積算され，再編後の PE の目標原価構造になります。取引グループの取引高によって加重平均して積算するのがコツです。「主たる取引」以外の取引グループは PE 再編において他の PE の原価構造や，

キャッシュフロー型商品群の原価構造です。「主たる取引」の抽出と同時に，「主たる取引以外の取引」のグルーピングを前もって用意します。

主たる取引（付加価値ベース）	数値	%
付加価値売上高		
売上原価（付加価値ベース）		
粗利率（付加価値ベース）		
変動費（付加価値ベース）		
限界利益率（付加価値ベース）		
固定費（付加価値ベース）		
営業利益率（付加価値ベース）		

主たる取引以外の取引（非付加価値ベース）	数値	%
非付加価値売上高		
売上原価（非付加価値ベース）		
粗利率（非付加価値ベース）		
変動費（非付加価値ベース）		
限界利益率（非付加価値ベース）		
固定費（非付加価値ベース）		
営業利益率（非付加価値ベース）		

加重平均合算

主たる取引をベースとした原価構造（＝PEの目標原価構造）	数値	%
総売上高		
売上原価（総売上高ベース）		
粗利率（総売上高ベース）		
変動費（総売上高ベース）		
限界利益率（総売上高ベース）		
固定費（総売上高ベース）		
営業利益率（総売上高ベース）		

出典：『M&A交渉人養成プログラム』中央経済社，p.88一部改定

④組織設計PDCAステップ4：経営評価指標KPIとターゲット設定

PEの特性を考慮した「地域拠点別KPI」の設定を行います。

例えば，PEのKPI＝営業利益率ならば，その母数として「付加価値売上」，もしくは「総売上高」を用いるかKPI定義式を明確化します。コツは，KPIを「期中変動型KPI」もしくは「目標達成型KPI」として区別することです。

シナジー創出KPIは，収益構造を改善するためのアクションプランです。

地域拠点	PE	KPI設定	シナジー創出KPI	統合計画目標数値設定		
				1年目	2年目	3年目
A						
B						
C						
D						

出典：『M&A交渉人養成プログラム』中央経済社，p.88一部改定

⑤組織設計 PDCA ステップ 5～6：
組織実体と組織形態の策定＋戦略機能とオペレーション機能の分離

「主たる取引以外の取引」のグループ群から，オペレーション取引と戦略的役務取引に分け，戦略的機能の分離と，グローバル組織再編の組織形態を設計します。オペレーション集約拠点としてのサービス PE とグローバル統括拠点の原価構造の対比が，それぞれの組織案です。

主たる取引以外 (役務取引)	取引ルート				営業利益率 (取引ベース)
	取引グループID	サブID	取引グループID	サブID	
MG1	G5		G7		
MG2	G5		G8		
MG3	G6		G7		
MG4	G6		G8		

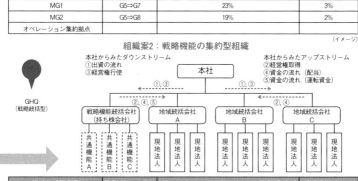

オペレーション取引	取引グループID	インバウンド／アウトバウンド取引額 (%)	営業利益率 (%)
MG1	G5⇒G7	23%	3%
MG2	G5⇒G8	19%	2%
オペレーション集約拠点			

（イメージ）

組織案2：戦略機能の集約型組織

戦略的役務取引	取引グループID	インバウンド／アウトバウンド取引額 (%)	営業利益率 (%)
MG3	G6⇒G7	25%	8%
MG4	G6⇒G8	20%	5%
オペレーション集約拠点			

（イメージ）

出典：『M&A 交渉人養成プログラム』中央経済社，p.109 一部改定

⑥組織設計 PDCA ステップ7：事業への固定資産割当

複数事業で共通に使用されている生産設備の中で、特に規模の大きな順に列挙します。

固定資産	総床面積	簿価	時価
固定資産1			
固定資産2			
固定資産3			

出典：『M&A 交渉人養成プログラム』中央経済社, p.122

それぞれの生産設備ごとに、複数の配賦基準を提示します。

固定資産1	事業別簿価	配賦基準			
		建物占有面積比	直接作業時間比	作業員数比	製造原価比
事業A		40%	50%	30%	40%
事業B		30%	25%	40%	20%
事業C		30%	25%	30%	40%

出典：『M&A 交渉人養成プログラム』中央経済社, p.122　　　　　　　　　　　　（イメージ）

それぞれの固定資産の事業別簿価を積み上げることにより、事業別分割 BS のベースとします。

投資回収性評価	分割 BS（固定資産ベース）	事業別営業利益	事業別分割 BS
事業A			
事業B			
事業C			

出典：『M&A 交渉人養成プログラム』中央経済社, p.122

⑦組織設計 PDCA ステップ8：投資回収の評価

投資回収評価指標の選定

スポット指標, マージン指標, イールド指標の内から投資回収評価指標を選定します。地域拠点をマージン型 or キャッシュフロー型にて特徴づけて, 投資回収評価から改善アクションまで策定します。

指標分類	投資回収評価指標の選定
スポット指標	ROA, ROE, ROIC, 売上債権回転率, 棚卸資産回転率, 固定資産回転率
マージン指標	限界利益率／製造原価率／販管費率／営業利益率
イールド指標	NPV, IRR

	PEの特徴	投資回収指標KPI	ベンチマーク	投資回収評価	KPI改善策
サービスPE1	マージン型拠点				
PE2	マージン型拠点				
PE3	キャッシュフロー型拠点				

出典:『M&A交渉人養成プログラム』中央経済社, p.122

⑧組織設計PDCAステップ9～10：
BEPS対応型グローバル組織策定とオプション価値，エクイティーストーリーと事業計画策定

戦略機能取込とタックスメリット

サービスPEへの戦略機能集約の「あり」，「なし」の場合分けを行い，法人税，源泉税，外税控除を加味したBEPデジタル課税リスクを算出します。

グローバル統括拠点		基軸事業（ステップ1）	機能追加ステップ2（ステップ1＋戦略機能）	機能追加ステップ3（ステップ2＋戦略機能）	機能追加ステップ4（ステップ3＋戦略機能）
戦略機能					
あり	税前利益				
	税後利益				
	BEPSリスク				
なし	税前利益				
	税後利益				
	BEPSリスク				
税前利益メリット					
税後利益メリット					
BEPSリスクメリット					

出典:『M&A交渉人養成プログラム』中央経済社, p.146

戦略機能取込とオプション価値

戦略機能のオプション価値を機能ごとに計算し，事業価値，株式価値の推移を算出します。

グローバル統括拠点	基軸事業 （ステップ1）	機能追加ステップ2 （ステップ1＋戦略機能）	機能追加ステップ3 （ステップ2＋戦略機能）	機能追加ステップ4 （ステップ3＋戦略機能）
オプション価値				
事業価値				
株式価値				
有利子負債				
純資産				
総資産				

交渉ゲーム用事業計画策定

「主たる取引」を論拠とした付加価値売上と売上原価を提示することで，原価に対する二重課税の非合理性を示すことができ，課税当局との交渉優位性を担保します。

連結	サービスPE事業計画		
	1年目	2年目	3年目
総売上高			
付加価値売上			
非付加価値売上			
売上原価			
売上原価率			
変動費			
営業利益			
営業利益率			

出典：『M&A交渉人養成プログラム』中央経済社, p.146

Chapter 2

デジタル価値連鎖の
メカニズム

Lecture 08

デジタルサービスの生産性とは何か？

日本のGDPの75％はサービス産業が占める

　日本のGDP（国内総生産）は過去20年の間，500兆円前後にて停滞をしてきました。そこで，日本政府は新デジタル技術を起爆剤とした「サービスフロンティア4.0」にて，2020年GDP目標600兆円を定めました。注目すべき点は，GDPに占めるサービス産業の比率は一貫して上昇しており，1970年の47％から2020年には75％（450兆円）を占めると予測されていることです。では，70〜100兆円のGDPを新たに創出するためには，どのような目標が立てられているのでしょうか？

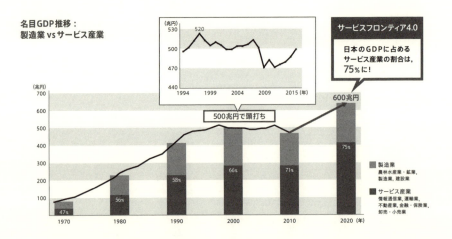

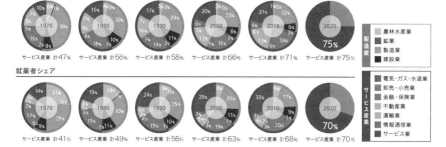

出典:内閣府「サービス産業の生産性」

GDP600兆円のカギを握る「サービス生産性」

「サービスフロンティア4.0」は，サービス産業への投資と効率化を図り，70～100兆円の新デジタルサービス市場を創出することが目標です。

◆具体的な目標：
① 新デジタルサービス市場の創出
② IoT，AI，フィンテックを活用した生産性向上
③ サービス産業基本法の制定

◆その課題：
① サービス生産性の向上
② シェアリング，サービス拠点特区などの基盤整備
③ サービス政策，サービス規格の認証の体系化

2013年のデジタル革命元年から，サービス生産性に脚光があたりました。同時に，サービス生産性とは一般名詞として感覚的には使用していても，定量的にどのように計測するのか，実はよく理解されていないことも認識されたのです。

そもそも生産性とは何か？

生産性とは，創出した価値（アウトプット）を投入した価値（インプット）で割った指標です。一般的に生産性といえば，モノづくりを前提とした「製造生産性」を意味していました。したがって，これまでの多くの議論は，労働生産性，資本生産性，の2視点から，製造業の生産性を議論していたのです。

> 生産性の定義式

労働生産性と資本生産性の「負の相関のジレンマ」

製造業では，設備投資をして労働投入を抑制し，労働生産性を高めます。しかし，過剰な設備投資は資本生産性を下げてしまいます。資本装備率が上がると資本生産性は下がる反面，労働投入は抑制されるため労働生産性は上がるという「負の相関のジレンマ」の関係にあります。生産性の研究では，労働生産性と資本生産性の最適化が焦点とされていました。

そこで，労働生産性と資本生産性の視点だけでなく，「全体生産性」が向上していることを定量化するために考えられたのが，全要素生産性（TFP：Total Factor Productivity）です。

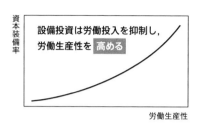
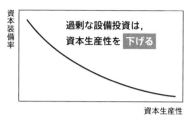

全要素生産性は無形資産の生産性も定量化できる

資本，労働以外の「無形資産の蓄積や労働の質」を相対値化したものが全要素生産性です。付加価値創出や売上高の全体伸び率から労働生産性と資本生産性を引き算して定量化します。

全要素生産性の重要な意義は，資本と労働以外のあらゆるインプットを用いることによって，無形資産の生産性指標としてカスタムメイドで定義できることです。

> TFP はアラカルトな指標

Lecture 08 デジタルサービスの生産性とは何か？

例えば，デジタル革命時代のサービス生産性指標において，IoT，AI，フィンテックに関する資本投入を「デジタル資本」，それらへの労働投入を「デジタル労働」とすれば，次のような評価式になります。

> デジタル革命時代のサービス生産性
> ＝デジタル革命時代の付加価値創出÷（デジタル資本＋デジタル労働＋デジタル時代の無形資産の投入）

> デジタル革命時代の無形資産の種類

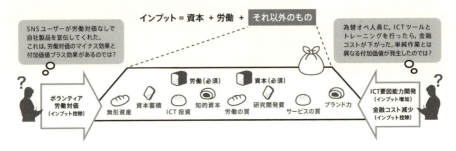

サービス生産性は本当に右肩下がりなのか？

ここで，1970年を原点とし製造業とサービス産業の生産性の推移を全要素生産性にて見てみましょう。1970年に対して1998年の製造業のサービス生産性は1.15倍に向上しました。製造業の全要素生産性指標は，資本生産性と労働生産性がともに上昇しながら，継続的に全体生産性が向上していることを示しています。

一方，サービス産業のそれは，1970年に対して1998年では0.92倍となり，サービス生産性は右肩下がりであることがわかります。

> 製造業 VS サービス産業の生産性推移

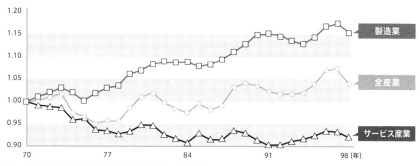

出典：内閣府経済社会総合研究所『経済分析』第170号「産業別生産性と経済成長」

もはやデジタル技術に関する無形資産を無視できない

　全要素生産性とは，付加価値創出や売上高の全体伸び率から労働生産性と資本生産性を引き算して定量化します。アウトプットであるGDPは過去20年にわたって500兆円であったこと，また，デフレーション下の競合他社との熾烈な競争に勝つために，長時間労働と賃金カットのしわ寄せがサービス産業の労働者に向かっていた時代背景を考えると，サービス生産性が右肩下がりであることは感覚的に納得ができます。

　しかし，デジタル革命を迎えた今日におけるサービス生産性を定量化するには，デジタル革新技術による「あらゆる有形，無形の付加価値源泉」が，サービス生産性評価式に含まれているかどうかを見直す必要があります。デジタルインフラを源泉とする付加価値創出やノウハウの蓄積，労働の質の変化は現在進行形で進行中です。これまでの研究データでは，サービス生産性評価式にそれらが含まれていなかったことを前提として，「デジタル革命時代のサービス生産性」を改めて定義する必要があります。

付加価値とは何か？

　そもそも，デジタル革命時代のサービス生産性評価式のアウトプット（分

子）に用いられる「付加価値（Value-added）」とは，一体何か？ を考える必要があります。会計的には，付加価値に対する明確な定義はありません。普遍価値と付加価値の区別は，すべての企業や産業に対して，会計規則で一意的に定義しうるものではないからです。例えば，GDP の内訳も，これまで3回にわたって68SNA，93SNA，2008SNA にて更新されてきました。

付加価値について一般的な定義式を見てみましょう。

付加価値の定義式
付加価値創出
＝営業利益＋人件費＋貸借料＋公租公課＋知的財産使用料＋減価償却

明らかなのは，知的財産使用料を除けば，有形固定資産を源泉としたアウトプットが占めることです。サービス生産性を評価するうえで最も重要な因子である「無形資産を源泉とする付加価値創出」が含まれていないことが，製造生産性とサービス生産性の決定的な違いです。

デジタル革命時代の付加価値の定義

本書では，デジタル革命時代の付加価値を次のように定義します。

デジタル革命前付加価値創出（before 2013）
■有形固定資産を源泉とした付加価値創出
　＝営業利益＋人件費＋貸借料＋公租公課＋知的財産使用料＋減価償却
■生産性＝有形固定資産を源泉とした付加加価値創出 ÷ 従業員数

デジタル革命後付加価値創出（after 2013）
■有形＆無形資産を源泉とした付加価値創出
　＝営業利益＋人件費＋（貸借料＋デジタル資産貸借料）＋公租公課＋（知的財産使用料＋デジタル知的財産使用料）
■デジタルサービス生産性
　＝有形＆無形資産を源泉とした付加価値創出 ÷ 従業員数

Lecture 09　デジタル価値連鎖フレームワークの全容

　デジタル価値連鎖フレームワークは，「6つの新概念」と「7つの定量化モデル」にて構成されます[*2]。

7つの定量化モデル

　AIコグニティブ化によって「何を認識するのか？」の視点から，7つの定量化モデルを提示します。自動車の機能に例えるとわかりやすくなります。

① デジタル価値連鎖の実需創出モデル：パワートレインの駆動力 (Lecture 09)
② デジタル生産性評価モデル：エンジンの効率的なギヤーチェンジ (Lecture 08)
③ 顧客ナーチャリングモデル：CPU（頭脳＋記憶）による目的地提案 (Lecture 04・05)
④ デジタル価値連鎖の循環性モデル：自己回生によるエネルギー循環 (Lecture 05)
⑤ 無形資産永続価値の評価モデル：自走可能距離計算とガソリン量 (Lecture 07)
⑥ SNS上の無償労働力評価モデル：ガソリン燃費の効率化 (Lecture 16)
⑦ PE SILOモデル：アクチュエーターの駆動制御 (Lecture 17)

[*2] S.Sakuma (2017) "New Value-added of Intangible Innovative Technology in Digital Value Chain Circulation Mechanism" JAIMS International Conference on Business & Information

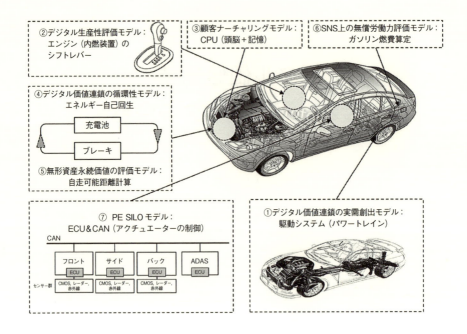

　6つの新概念，デジタル価値連鎖，サービス生産性のKPI分解式を用いて，デジタル価値連鎖のフレームワーク全容を示します。

6つの新しい概念

① **機能の実体化（=XaaS）**

　広義ではハード，ソフト，オペレーションの分離を，狭義ではオペレーション機能の実体化を表す付加価値源泉です。

② **価値移転**

　XaaSプロバイダーとXaaSユーザー間の付加価値の移転を表す概念です。

③ **コトモノ財（QSM：Quasi-Service-Matter）**

　従来型の財取引と役務取引の双方の特徴を有するSNS上の商品実体を表す付加価値源泉です。

④ **コトモノ財循環**

　SNS上の無対価性労働が創出したコトモノ財の循環性を表す概念です。生態学的ベイズモデルにて個体の有限性と種の永続性を表現します。

⑤ **時間的＆地理的伝播速度**

　SNS上でのコトモノ財の時間的＆地理的伝播速度を表し，その面積密度が生産関数を生成します。

⑥ **SNS上の無対価性労働力**

　SNS上のインフルエンサーが持つ集客効果相当の無対価性労働力を表す付加価値源泉です。

定量化モデル①：デジタル価値連鎖の実需創出モデル

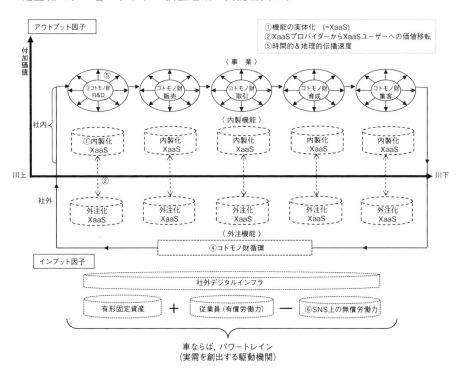

デジタル価値連鎖は，実需創造サイクルです。車に例えるならば，駆動機関に相当します。実態のあるモノ（財取引）だけでなく実態のないコトモノ財（インターネット上のコト情報）も，ガソリンのごとくエンジン内燃機関を循環することによって実需が生まれます。製造業における価値連鎖とデジタル価値連鎖が大きく異なる点は，コトモノ財の体験者がそれに満足したときに，SNS上で無対価，無報酬にて情報拡散，すなわちマーケティングをしてくれる特性を持つことです。さらに，コトモノ財情報の時間的＆地理的伝播速度はアナログ媒体では考えられないようなスピードとスケール感を持ちます。従来ならば，マスコミや広告代理店を通して数億円もかけて行うようなマーケティング効果を「無償」で得ることができ，その特性を理解すれば，コトモノ財情報の循環を発生させることが可能なのです。

定量化モデル②:デジタルサービス生産性評価モデル

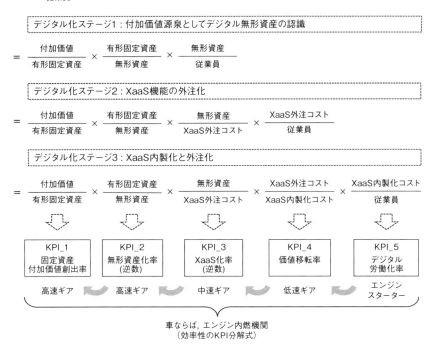

　デジタルサービス生産性は，エンジン内燃機関に相当します。1人当たりが生み出す付加価値を，デジタル化ステージごとにKPI分解すると，「デジタル技術という無形資産」，「デジタルオペレーターが持つ無形ノウハウ」の重要性がわかります。「KPI_5 デジタル労働化率」でエンジンをスタートとさせ，低速ギア「KPI_4 価値移転率」で車を発進させることが重要です。スピードに乗れば，中速ギア，高速ギアにギアチェンジすることにより，デジタルサービス生産性が向上することを示しています。

5つのKPI指標でサービス生産性を向上させる仕組み

新概念①「機能の実体化（＝XaaS）」の内製化と外注化は，3つの成長ステージを形成します。

企業がステージ1～3のどこに位置するかは，デジタルインフラ運用の成熟度に応じます。ステージ3においては，デジタル革新インフラを外部から貸借し，差別化のIoT資産やオペレーション人材についてのみ自己資本投入してゆく，バランス戦略が求められます。具体的に，5つのKPIに分解できます。

> デジタルサービス生産性のKPI分解式

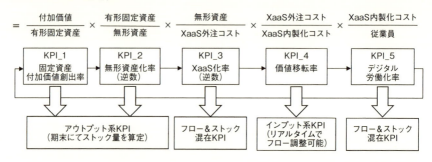

KPI_1：固定資産付加価値創出率

付加価値創出を有形固定資産で除して算出。付加価値創出，有形固定資産とも，期末に確定するのでアウトプット系（期末評価型）KPIです。

KPI_2：無形資産化率（通常定義の逆数）

有形固定資産を無形資産で除して算出。通常は，無形資産を有形固定資産で除したものを意味しますので，その逆数になります。「有形固定資産の売り，無形資産の買い」の基本戦略を進めるには，このKPIの減少が目標になります。無形資産や有形固定資産は期

末で算定されるのでアウトプット系（期末評価型）KPIです。

KPI_3：XaaS化率（通常定義の逆数）

　　無形資産をXaaS外注コストで除して算出。通常の定義の逆数になります。ストックである無形資産に対するフローであるXaaS外注コストの割合なので，フローサイドを変化させることによりフロー＆ストック混在型系KPIとして機能します。

KPI_4：価値移転率

　　XaaS外注化コストをXaaS内製化コストで除して算出。外注化と内製化のバランスを示す指標です。ただし，XaaSプロバイダーからXaaSユーザーへ価値移転がされる機序がわかっているため，KPI_4にレバレッジをかけることは，プロバイダーからユーザーへの価値移転を高める効果があります。分母も分子もフローであるため，リアルタイムで調整できるインプット系（期中評価型）KPIです。

KPI_5：デジタル労働化率

　　XaaS内製化コストを従業員数で除して算出。行政サービスや観光関連企業において，従業員数の雇用の維持を大前提とした，IoT労働への「労働の質の転換」を示すKPIです。

　　労働とニーズのミスマッチが危惧されますが，能力開発などでデジタル化社会に対応する方針を示す指標でもあります。従業員は期末で算出するのでフロー＆ストック混在型系KPIです。

　　デジタル革命時代以降は，複雑なデジタル革新技術を使いこなすオペレーション戦略が際立つようになりました。その戦略的機能を第三者が分離と実体化と高付加価値創出をセットにして，デジタル価値連鎖を創出しました。

　　"Plug（つなぐ）" & "Play（オペレーション）"がデジタル価値連鎖の根幹であること，ハード，ソフト，オペレーションまでフロー化（変動費化）できることで，投下資本リターンもインプット系（期中評価型）KPIで評価する必要があります。

Lecture 10

新概念①：
機能の実体化（＝XaaS）

サービス機能の分離と実体化が進んだ経緯

　機能とは組織横断的な共通オペレーションであり，営業，経理，購買，IT，人事，総務などです。コストセンターなので，機能の付加価値とは「集約化，効率化」と考えられてきました。しかし，ITや経理などの機能は，時間をかけて専門的なノウハウを蓄積しました。

　この「機能の専門性の蓄積」は，新しい無形の付加価値源泉として確立され，機能部門の分離と実体化をもたらしました。それまで本社に付帯する機能部門が，独立したプロフィットセンターに成長したのです。

　いち早く企業内で独立化した機能は，金融機能のシェアードセンターでした。単純オペレーションの集約化，効率化が目的でしたが，オペレーションノウハウが蓄積するにつれて，金融取引免許を取得し，社内銀行として高度なオペレーションを提供する戦略部門に成長しました。

　その結果，高度な専門性を持つ金融部門はプロフィットセンターに生まれ変わりました。金融機能は為替，資金，決済などに分かれます。為替業務では，為替マリーにて社内相殺すれば，銀行に払う予約手数料を下げることができます。決済や送金も，様々な事業がそれぞれに行うより，社内銀行が集約化し，決済や送金を行えば，振込手数料を削減することができます。

　このように，高度な専門性を育くんだ機能部門を内製化しプロフィットセンター化する流れにおいて，金融機能，IT機能，そして統括機能が着目され，いち早く独立した会社形態をもって独立してゆきました。

機能の分離と実体化は，デジタル革命と密接な関係にあります。クラウドという概念は，それまでの自前主義で IT ハードウェアを構築してアプリケーションを独自で開発して差別化する，という発想から，非自前主義でライセンシーになる選択肢を増やしました。この流れで生まれたのが，XaaS というビジネスです。

　優れた機能は，高価なハードウェアと高度なオペレーション人材が必要です。それを自前主義で取り入れていたら，本業を営むことができなくなってしまいます。そこで，「as a Service ビジネス」が誕生したのです。

機能の XaaS 化で明確化された付加価値源泉

　クラウド成熟期の現在では，クラウドの代名詞として XaaS が用いられるようになりました。例えば，あなたがウェブショップを開業するなら，SaaS プロバイダーからハード，ソフトを提供してもらい，管理会計や人事労務などの運営ノウハウとして BPaaS（Business Process as a Service）を導入すれば完了です。

　着目すべきは，SaaS＋BPaaS にてハードウェアの装備から運営まで一任できることです。あなたは，あなたしかできない仕事（商品の開発，仕入れ，販売ルートの開拓など）に集中できます。

　XaaS ビジネスによって，これまで企業内のコストセンターと認識されていた機能部門が，分離と実体化，組織化，見える化され，独立性を高めたことは，無形資産の付加価値源泉化を大きく前進させました。

XaaS という「なんでもサービス化」市場の成熟

　「なんでもサービス化」を意味する XaaS は，広義ではハードウェア，ソフトウェア，オペレーションの分離を，狭義ではオペレーション機能の実体化を表します。

　この XaaS は，クラウド初期では IaaS, PaaS, SaaS という大きな括りでしたが，多様性をもって細分化しクラウドの成熟期を迎えました。固有名詞化した

もの，商標登録されたもの，具体的な商品になると，さらに多くの XaaS が登場しています。

> XaaS 一覧表

種類	XaaS	所有権の所在
主要な3つの XaaS	✓ IaaS=Infrastructure ✓ PaaS=Platform ✓ SaaS=Software	ハードウェア，ソフトウェアの所有権の所在は明確。 オペレーションの所有権は不明確
データベース系	✓ DBaaS = Database	
セキュリティ，認証系	✓ RaaS = Ransomware ✓ IDaaS = ID（ID統合，Single sign-on）	
オペレーション系	✓ BPaaS = Business Process ✓ BaaS = Banking（送金，決済，為替） ✓ TaaS = Token（仮想通貨）	
ビジネス上固有名詞化したもの	✓ OPaaS = Omotenashi PaaS（経産省） ✓ CPaaS = City PaaS（国交省）	

オペレーション実体化は，付加価値源泉の帰属性に疑義をもたらした

　ハードとソフトの分離と実体化は，その帰属権や所有権について明確であるため自前主義から非自前主義への移行を促しました。例えば，送金，決済などの BaaS というオペレーションにより，観光施設が自ら決済システム構築する必要はなくなり，本業に集中できます。

　しかし，オペレーションという運営機能の分離と実体化には，構造的な問題が生じました。オペレーションを非自前主義化するとは，ノウハウという無形の付加価値を第三者に求めたり委ねたりすることです。そのような非自前主義のオペレーションにて創出された付加価値の源泉は，一体どこに帰属するのでしょうか？

　この構造的問題については，高度な専門性を有するデジタルオペレーションを外注する場合，「プロバーダーサイドから派遣や常駐した人材が持つノウハウ（無形資産）」に帰属するとも考えられます。

しかし，従来型の付加価値の定義に従えば，プロバイダーサイドでは，そのような無形の付加価値を自身の付加価値に算入すると主張する論拠が，元々存在していません。ユーザーサイドは，営業利益の中に含まれる形で自動的に算入されます。この構造的問題は，「XaaS プロバイダーと XaaS ユーザー間の価値移転」を引き起こします。

Lecture 11

新概念②:価値移転

XaaSプロバイダーとXaaSユーザー間で付加価値の移転が起こることを表す新概念です。

デジタル無形資産によって生み出された付加価値は,熟練オペレーターを媒介として,プロバイダー企業,ユーザー企業,もしくは熟練オペレーターに価値移転します。その収益源泉の所有権は明確ではありません。したがって,デジタルインフラとオペレーターの導入ステージごとのKPI因子をまとめる必要があります。

➢ 価値移転の概念図

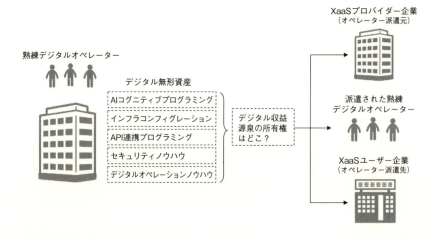

デジタルインフラ取込みの「3つのデジタル化ステージ」

はじめに，デジタルサービス生産性のKPI分解式に示した3つのデジタル化ステージごとに，XaaSの内製化と外注化の関係をまとめます。

「機能の実体化（=XaaS）」の内製化と外注化は，3つのデジタル化成長ステージを形成します。

デジタル化ステージ1：付加価値源泉としてデジタル無形資産の認識
デジタル化ステージ2：XaaS機能の外注化
デジタル化ステージ3：XaaS内製化と外注化

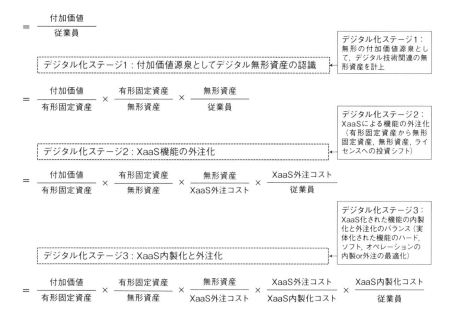

デジタル化ステージ 1：付加価値源泉としてデジタル無形資産の認識

　XaaS 化の初期ステージでは，ICT 投資を有形固定資産から無形資産へシフトさせ，ライセンス無形資産取得を行います。ライセンスフィー，API ソフトウェア開発を会計的に無形資産として計上するために，無形資産の収益性を認識します。

　有形固定資産の範囲，無形資産の範囲は，ハードウェア，ソフトウェア，オペレーション区分の細部において，内製化するのか，外注化するのかの全体構造を明確にすることで，無形資産計上の論拠性を確立します。着目すべきは，オペレーションサービスの付加価値です。

　機能オペレーションの内製化戦略も外注化戦略も，無形資産の付加価値源泉化を担保できます。単純オペレーションサービスでも，そのオペレーションノウハウを AI コグニティブ化すれば，効率化，集約化という付加価値源泉の根拠になります。

デジタル化ステージ 2：XaaS 機能の外注化

　各事業に付帯したあらゆる機能に，非自前主義サービスを導入してデジタル機能を外注します。XaaS 機能を外注化し，XaaS ユーザーに徹するステージです。同時に，従業員のデジタルリテラシーを高め，高度オペレーション作業による高付加価値源泉とします。

　従業員の労働を「高付加価値デジタル労働」へと質の転換を図ることにより，労働単価が上昇し，付加価値源泉化ができます。

デジタル化ステージ 3：XaaS 内製化と外注化

　XaaS の内製化と外注化のバランスをとるステージです。徹底的に外注化したとき，KPI_4 価値移転率は最もレバレッジされます。スタートアップでは，その戦略そのものが付加価値になりますが，成熟期では高度な専門機能の内製化を行い，付加価値源泉を内製化することが合理的です。

　その理由は，ハード，ソフト，オペレーションの実体化，分離化は，特にオペレーション機能実体の内製化，外注化における付加価値源泉の所有権にあいまいさをもたらしたからです。例えば，デジタル機能の運営者をプロバ

イダーから派遣や常駐にてユーザーサイドが変動費見合いで取り込んだ場合，その付加価値源泉は，ユーザー企業の内製化機能に帰属するのか，外注された運営者（ヒト）に帰属するのか，いずれにも解釈できる「所有の帰属性」問題を生じます。

したがって，新概念「価値移転」とは，プロバイダーとユーザー間の認識によって決定される交渉ゲーム的状況をもたらします。

▶クラウドサービスの実体化がもたらした帰属性のあいまいさ
- ハードウェア実体：IaaS/HaaS（＝付加価値源泉明確）
- ソフトウェア実体：SaaS（＝付加価値源泉明確）
- オペレーション実体（＝機能）：BPaaS（＝付加価値源泉不明確）

オペレーション実体化の所有権をめぐる交渉ゲーム

ハードウェア（IaaS），ソフトウェア（SaaS）の分離において，所有権の所在は既存の会計的解釈にて対応できます。しかし，オペレーション機能の実体化は，ハードウェア，ソフトウェアの所有者との「経済的，機能的な一体不可分性」について，プロバイダーとユーザー間の交渉ゲームが発生します。

実体化された XaaS		所有権の所在
ハードウェア（IaaS）	○	◆ハードウェアの所有権はプロバイダーサイド
ソフトウェア（SaaS）	△	◆既存のソフトウェア会計にて資産化し減価償却できる。科目は「ソフトウェア」 ◆ユーザーは「所有」ではなく「利用」なので，費用化が基本。ただし，ライセンスの所有権に依拠する
オペレーション機能（BPaaS）	×	◆ハードとソフトの「経済的・機能的な一体不可分性」について，取引内容と実態に応じた資産化，費用化が必要 ◆無形資産だけでなく，それを源泉とする売上，付加価値まで，所有権の帰属は及ぶ ◆XaaS プロバイダーとユーザーの間に所有権に関する交渉ゲームが発生する

➢ XaaS プロバイダーと XaaS ユーザー間の交渉ゲーム

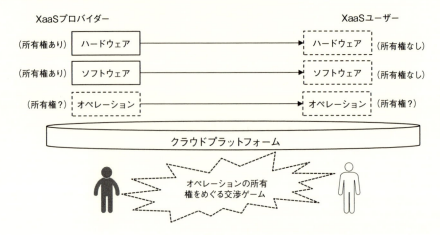

Lecture 12

新概念③：
「コトモノ財」の出現

SNS上の付加価値のタネとなる「コトモノ財」

　従来型の財取引と役務取引の双方の特徴を有するSNS上の仮想的商品実体を表すもの，それがコトモノ財です。

　サービス産業は，サービスの生産と消費が同時に起こるため，在庫リスクがありませんでした。一方，モノづくり産業では在庫リスクが発生します。SNSやXaaSの登場によって，モノとコトの両方の性質を持つ取引が誕生しました。

　これまでSNS上に存在する無形の経営資源が「実需に帰着する特性」を述べてきました。普段は無形資産であるが，あるタイミング以降は固定資産に変化する一方，実体は同一であるため，形態のみが変化したと考えられます。例えるなら，モノと生命の2面性を持つウイルスに似ています。遺伝子工学では，このような多種性を類似的な亜種（Quasi-Species）と表現します。

　筆者は，コトモノ財をQuasi-Service-Matter（QSM）と提唱し，デジタル価値連鎖を循環する付加価値源泉の種と考えます。

　コトモノ財の種は，インスタグラムやフェイスブックなどSNSにまかれます。種の内容は，登山，トレッキング，スキーなどのツーリズム，多様な茶道，陶器，折り紙などの伝統工芸，四季折々の食材を使った伝統料理など，着地型観光によって個人や地域会社によって創造されたコト体験，すなわち実需の体験という形態で拡散します。

モノとコトの両方の性質を持つ「コトモノ財」

　従来，サービスは，生産と消費は同時に発生するとされていました。SNSやクラウドの出現は，サービスの需要と供給の時間的，地理的差異に多様性をもたらしました。

　モノとサービスの2面性を持つコトモノ財は，以下の長所があります。

① **実需喚起において，在庫リスクが0である**

　　モノ在庫は実体を伴い，減損リスクや引当リスクがある一方，サービス在庫は実体がないため，サービス生産活動と実需喚起活動は，在庫リスクなく行える

② **時間的,地理的に価値移転できるSNSプラットフォームが存在する**

　　実体がないサービス在庫は，インターネット上の様々なプラットフォームを通じて，時間的かつ地理的に移転し，国内外を問わずサービス消費できる

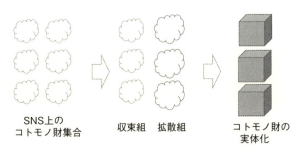

「コトモノ財」が付加価値源泉化する仕組み

　SNS以前のインターネットマーケティングでは，例えば，客室回転率を上げるためのノウハウの主導権は旅行代理店に握られ，安売り合戦での収益率低下の悪循環に陥りがちでした。

　ところが，SNS上に出現した「コトモノ財」は，初期有形固定資産は必要

なく，また在庫リスクもないという特質を持っています。同様に，着地型体験商品は，初期投資や在庫リスクを前提とするアゴ，アシ，マクラ商品とは異なる「コト消費」として発展しました。

　コト消費について SNS マーケティングを行って，集客できなければ実行しないだけで済むため，会計的な発生主義上，実需に転換したコトモノ財のみ計上すればよく，滞留在庫リスクはゼロの付加価値源泉と言ってよいでしょう。コトモノ財は，実体のある財取引と役務取引の双方の性質を兼ね備えていると言えます。

Lecture 13

新概念④:コトモノ財循環

モノコト財の循環構造

　これまでのおもてなしサービスの作り手と受け手という一方向型の価値連鎖ではなく,サービスに満足した受け手は,プラットフォーム上のコトモノ財を無償で情報拡散させてくれる原動力となります。

　これは,サービスの受け手から作り手に循環する価値連鎖構造を創出しました。

　おもてなしというコトモノ財が,SNS上で時に循環しながら価値連鎖し,時に在庫もなく消滅する。これは,おもてなし経験の満足度によって分離と実体化がなされたと言っていいでしょう。インプット情報はアウトプットデータとなり,さらにそれがインプットデータになるという循環活動が拡散するか収束するかは,顧客の満足度によって変わります。満足度が低ければ,おもてなし経験のポジティブな情報は収束するどころか,ネガティブな情報となり拡散してしまいます。

　上記の機序は,コトモノ財の実需転換へのチャレンジにおいて,インプットの低減効果とアウトプット増加のタイムラグを伴いながら,コトモノ財価値連鎖を発生させることと同意です。

> コトモノ財の循環構造

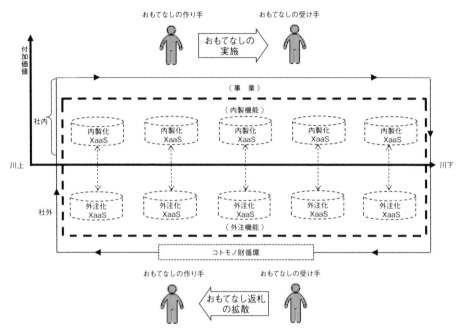

出典：筆者作成

デジタル価値連鎖の「循環性」の表現方法

　コトモノ財循環は，アウトプットされた付加価値が，再度，価値連鎖にインプットされることを意味します。このことは，Lecture 07 の「交渉ゲーム①：無形資産の永続価値評価に代替する生態学的ベイズモデル」で学んだように，生態学的ベイズアプローチを用いてデジタル価値連鎖の循環性モデルを表現でき，ゴーイングコンサーンや永久成長率に代替して，より合理的な永続価値算定を担保できます。

Lecture 14 | 新概念⑤：時間的＆地理的伝播速度

SNS上の時間的＆地理的伝播速度の付加価値性

　従来型の広告は，TV，雑誌などの広告媒体を利用したものでした。口コミ効果に関する研究もされていましたが，回帰式は一次関数もしくは二次関数でした。しかし，SNSの登場はその伝播速度が時間的にも地理的にも指数関数的に拡散する傾向を生み出しました。

　サービスに満足しないとお客様は二度と来なくなります。しかし，満足したときは，それは感動や思い出や記憶といった人間の本質にかかわる感情に作用します。ヒトは，そのような感情を共有したり口コミで広めようとする習性があります。SNSでの時間的伝播速度や地理的伝播面積は，「ある法則」に則り，一瞬で拡散したり収束したりするようになりました。

　この「ある法則」については，実際にあったインスタグラム上でのフォトコンテストを題材として，Lecture 16にて詳述いたします。

**あらゆる時間的＆地理的伝播モデルは，
　　生態学的ベイズモデルで表現することが可能**

　Lecture 05で述べたように，「機械学習の基本プロトタイプ」を組み合わせれば，どのような多様なインプットデータを与えても，最適モデルの最尤関数と最尤因子をアウトプットとして導けます。機械学習の基本プロトタイプとは，「時系列集合体データを，集団的効果と時系列的ランダム効果に分類し，集団的効果は固有の正規分布に従う固定因子（平均），ランダム因子（分散），その

攪乱項（＝ランダム因子の分散の精度（バラツキ）の発生確率分布）に分類する」最小概念です。固定効果は正規分布，ランダム効果は正規分布の分散のバラツキ精度を「攪乱項」とし，ここにさまざまな確率密度分布をトライ＆エラーで試行錯誤することで，実際の時系列データに近似してゆくプロトタイプです。

　時間（t）と個体（i）に基づく時系列データが，何かを表象する関数 $f(t, i)$ の「最小の深層学習プロトタイプ」は，

$$f(t, i) = \beta \sum_{t=1}^{T} \sum_{i=1}^{N} (x(t, i) + \varepsilon(t, i))$$

　$x(t, i)$：集団的効果（正規分布に従う固有因子＋正規分布に従わないランダム因子）

　$\varepsilon(t, i)$：時系列的ランダム効果（正規分布に確率密度分布を持つランダム因子）

　ただし，このモデルでは「時間は有限」ですので，デジタル価値連鎖の伝播性，循環性，連鎖性などの「時間の無限性」を表象する概念が必要でした。これらは，**Lecture 07** の「交渉ゲーム①：無形資産の永続価値評価に代替する生態学的ベイズモデル」において解決されます。

Lecture 15

新概念⑥：SNS上の無対価性労働力

なぜ，SNSインフルエンサーはタダで拡散してくれるのか？

　ヒトは感動を自己体験したとき，その感動や経験を他人と共有し共感したいと思います。

　SNSマーケティングは，自己承認，自己表現，自己実現，社会貢献，社会的依存に関する欲求という，誰もが持つ人間の本能を利用したマーケティング手法と言えます。

SNS上の無対価労働力の誕生

　SNS上で自らのワオ体験を投稿する積極的な発信者は，他人に影響を与えるのでインフルエンサーと呼ばれます。様々なコミュニティーを形成するインフルエンサーは，「いいね」の評価を受けたいことが動機づけになっています。

　通常，マーケティングには広告代理店を利用し多額の費用が発生します。一方，日本文化のワオ体験を自らの動機づけにて無料で発信してくれるインフルエンサーの集客効果は，SNS上の無対価性労働として無視できない存在になりました。

無対価性労働力の控除効果による付加価値

　デジタル生産性評価式の分母における労働投入とは，雇用主が対価をもって雇用する労働力であり，単位時給×労働時間で算出されます。ここで，サービスの受け手による自発的な無対価性労働は，IoT労働投入にあたる分母の控

除因子となるため，その控除効果の定量化が必要です。

Column
交渉ツールとなるアウトプット生産評価式

Lecture 08 で学んだようにサービス生産性は，アウトプット（創出した価値）をインプット（投入した価値）で除して算出しますが，評価対象が個別施設もしくは地域や産業クラスターによって，用いる生産性評価式が異なります。

■個別施設の生産関数：A工場 vs B工場の生産性評価

ポイントの生産評価式＝コブ・ダグラス式

$P(生産量) = T^\alpha L^\beta C^\gamma$：（T：技術投入，L：労働投入，C：資本投入）

ソフトウェア資本を一般資本から控除，デジタル技術に関する労働を一般労働から控除するならば

$S(デジタルサービス生産) = T^\alpha L_1^{\beta 1} L_2^{\beta 2} C_1^{\gamma 1} C_2^{\gamma 2}$

両辺を対数化し，微分すると，

Tの単位時間増加率 ＝ Sの単位時間増加率
　　　　　　　　　　－β_1(L_1の単位時間増加率)－β_2(L_2の単位時間増加率)
　　　　　　　　　　－γ_1(C_1の単位時間増加率)－γ_2(C_2の単位時間増加率)
β：労働分配率　γ：資本分配率　（$\beta+\gamma=1$）

➡ICT投資を行うA工場とICT投資を行わないB工場に関して，生産性の優位性を評価できます。

コブ・ダグラス式は，工場や個別施設などのある特定ポイントの生産量を算定するのに有効です。SNSの無対価性労働力の評価も，労働投入L（従業者数×時給）に対するβに対してどれほど控除効果を持つのか，を定量的に分析したことになります。コブ・ダグラス式を用いて，ICT投資を行うA工場と，ICT投資を行わないB工場の生産性比較を行うことができます。

■地域や産業クラスターの生産関数：A地域 vs B地域の生産性評価

ユニットの生産評価式＝ディビジア指数

$$\log TFP = \log\left(\frac{P}{\tilde{P}}\right) - \left(\frac{1}{2}(\beta + \tilde{\beta})\log\left(\frac{L}{\tilde{L}}\right) + \frac{1}{2}(\gamma + \tilde{\gamma})\log\left(\frac{C}{\tilde{C}}\right)\right)$$

P：ユニット付加価値　　　　　　β：ユニット労働分配率　　　　　γ：ユニット資本分配率
$\tilde{P}$：平均ユニット付加価値（幾何平均）　$\tilde{\beta}$：平均ユニット労働分配率（幾何平均）　$\tilde{\gamma}$：平均ユニット資本分配率（幾何平均）

➡循環性を含むので，A地域経済圏とB地域経済圏に関して，生産性の優位性を評価できます。

Lecture 16 SNS上の無対価性労働力評価のAIコグニティブ手法

デジタル価値連鎖の新概念である「時間的&地理的伝播速度」と「SNS上の無対価性労働力」に焦点をあて，AIコグニティブ手法を用いてサービス生産性向上のメカニズムを分析する手法を解説します[*3]。

和歌山県によるインスタグラム上フォトコンテストにおける情報伝播

SNSマーケティングによるコトモノ財生産と，情報伝播機序に焦点を当てるため，和歌山県が開催したインスタグラムのフォトコンテストを分析してみましょう。

[*3] 佐久間優［2017］「観光IoTイノベーションによるサービス生産性の定量的評価モデル」『第58回日本経営システム学会全国研究発表大会講演論文集』pp.16-19

➢ インスタグラムフォトコンテスト：visitwakayama

出典：https://photocp.visitwakayama.jp/

コンテスト期間：2017年3月1日から26日

ハッシュタグ：♯visitwakayama

ルール：フォトコンテスト参加者は，♯visitwakayamaを記した作品をvistwakayamaのインスタグラム上に投稿する。上位3位までを決定，賞品を授与する

> 訪日観光客をターゲットとして英語にてプロモーション実施

出典:和歌山県商工観光労働部観光局

フォトコンテストの結果:外国人フォロアー数は10倍に!

　コンテスト初期では,主催者とプロモーターが宣伝活動を実施しました。インスタグラム上には様々な国籍の投稿者が現れ,個々のコンテンツは,Day 1(投稿日)に極大化する類似性が観察されました。

　♯visitwakayamaのフォロアー数の推移を見ると,フォトコンテスト開始時には208人(外国人84人,日本人124)でしたが,終了時には1,142人(外国人891人,日本人251人)まで増加しました。ターゲットとした外国人フォロアー数は807人増加し10倍規模になり,構成比も日本人:外国人=60%:40%から22%:78%となりました。

➢ 日本人と外国人フォロアー数の推移

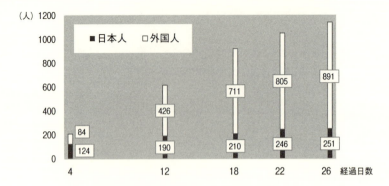

SNS上の時間的&地理的情報伝播メカニズム

♯visitwakayamaの主催者コンテンツに限定して，情報伝播の様子を示します．コンバージョン率は，いいね（like）÷フォロアー数を表します．

➢ フォトコンテストにおける情報伝播推移

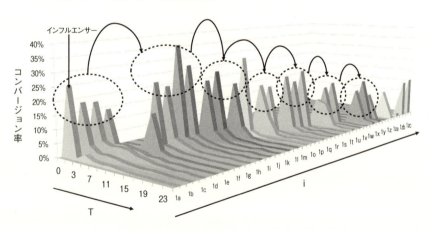

観察された「ある法則」

　コグニティブ（認識力）とは，観察データから法則を読みとる力です。
① 他人への影響力を持つ多様な「インフルエンサー」が出現する
② 個々のコンテンツは，Day 1（投稿日）にコンバージョン率が極大化する類似性がある

観察された法則から立てた仮説

　ヒトが情報伝幡推移から認識した「ある法則」を，AIに理解させる形式に書き直してみましょう。
① SNS参加者に影響が高いインフルエンサーの出現確率が情報伝播の説明変数となりうる
② 個別コンテンツは，グロース(※1)がDay 1に極大値を持つ類似性があり，共役確率分布(※2)を持つ

　　(※1) グロース＝いいね（like）獲得数純増数
　　(※2) 共役確率分布とは，形状が類似している既存に知られた確率分布のこと

ヒトが認識したことを，AIに認識させるためには？

　多くの方は「ある法則」をなんとなく認識していたと思います。しかし，このような人間のコグニティブ力にAIははるかに及ばないのが実情です。ヒトがまだまだ多くの手助けをしてあげないと，AIは認識できません。そこで，断片的時系列データから「ヒトが主観的に認識」したデータを基に，全体モデル化を得意とする統計手法が「ベイズ推定法」です。

時系列情報伝播を表現するベイズモデリングステップ

　ここでは，観察された法則をモデル化する考え方を説明します。

STEP1：インプットデータのクラスター分析

クラスター分析を行うと，インフルエンサーのクラスターが分類できます。

インフルエンサーの分類

	インフルエンサー	労働対価	タイプ
EI	Eventer Influencer	対価性	主催者
Ibase	Eventer Promotor	対価性	主催者が有償契約したマーケティングプロモーター
SI	Super Influencer	無対価性	絶対的フォロアー数を持つ量的インフルエンサー
GI	General Influencer	無対価性	量的かつ質的インフルエンサー
CI	Community Influencer	無対価性	コミュニティーを形成する質的インフルエンサー

Ibase は，プロモーターがコーディネートした有償労働です。

意義深いのは統計学的にクラスター分類された SI，GI，CI という無対価性労働力が出現する時系列確立のデータが抽出できたことです。

SI は1,000人以上のフォロアーを持つ量的インフルエンサーです。GI はおおよそ500人以上のフォロアーを持ちますが，特定コミュニティーの性質も持ちます。CI は100人～500人程度のフォロアー数ですが，特定テーマごとに集まったアマチュアカメラマンのコミュニティーです。男性カメラマンは夜景，車，電車が多く，女性カメラマンは食べ物系が圧倒的に多いのが特徴です。

具体的なインフルエンサーの抽出条件

	インフルエンサー	抽出条件
SI	無対価性	Growth 分布信用区間外れ値
GI	無対価性	Growth&Conversion 分布の四分位偏差区間外れ値
CI	無対価性	Growth 四分位偏差外れ値 &Conversion 四分位偏差内

SI 型インフレンサー：11データ抽出

	最小値	第1四分位点	中央値	平均値	第3四分位点	最大値
グロース変数	2.90	44.88	96.50	136.07	155.25	2159

　グロース変数にみる量的インフルエンサーは，自己ブランドに基づく圧倒的フォロアー数により影響力を及ぼすため，「確率分布外れ値（Max 以上値）11データ」を抽出し，時系列データを作成します。

GI 型インフレンサー：23データ抽出

	最小値	第1四分位点	中央値	平均値	第3四分位点	最大値
グロース変数	2.90	40.00	93.00	99.62	148	290
コンバージョン変数	0.00	0.13	0.20	0.24	0.37	0.71

　グロースとコンバージョン両方にて四分位偏差区間内（第3四分位点－第1四分位点）にあるデータを「量的と質的を兼ねる GI 型インフレンサー」として23データを抽出し，時系列データを作成します。

CI 型インフレンサー：28データ抽出

	最小値	第1四分位点	中央値	平均値	第3四分位点	最大値
グロース変数	148	165.8	183.0	186.8	192	290
コンバージョン変数	0.00	0.14	0.20	0.18	0.23	0.32

　グロース四分位偏差区間外＆コンバージョン四分位偏差区間内でデータ抽出。「共通の関心事や趣味などのコミュニティー要素があり，コンテンツ嗜好性が強い CI 型インフレンサー」として28データを抽出し，時系列データを作成します。

STEP 2：生産関数の定義[*4]

　SNS 個別主体（i）の地理的伝播と，コンテスト期間（t）の時系列的伝播にて，コトモノ財生産関数 p（t,i）を表現することを試みます。重要なのは，あくまで主観に基づいた数式表現であり，100人100様のモデリングが可能ということです。

$$p(t, i) = (\beta \times X(t, i) + \alpha_i) + \varepsilon_i \quad \text{# 時系列の影響を含む攪乱項}$$

α_i ← # 特定個別主体のみにおける個別効果

$$= Z(t, i) + \varepsilon_i$$

$$\alpha_i = \bar{\alpha} + \varphi_i \quad \text{← # 個別効果の正規分布と攪乱項（ガンマ分布）への分解}$$

p(t, i)：固定効果とランダム効果を含むコトモト財生産関数

X(t, i)：SNS 個別主体者 i の t 行目の要素が x_{it} となる説明行列

α_i：SNS 個別効果

$\bar{\alpha}$：SNS 個別効果の固定要因（平均）

φ_i：SNS 個別効果のランダム要因（分散）

ε_i：時系列的ランダム効果

τ：ε_i の精度

ω：φ_i の精度

STEP 3：コトモノ財生産関数アルゴリズム

```
function f(t, i){                        # 時系列的伝播の確率密度
for(i in 1 : N, t in 1 : T)
  α_i ~ dnorm(ᾱ, ω)                      # 個別主体のランダム要因を正規分布化
  Z(t, i) = β×X(t, i) + α_i              # 個別主体行列要素にランダム要因を付与
  p(t, i) ~ dnorm(Z(t, i), τ)}           # 時系列ランダム要因を加味し正規分布化
# 共役とする初期尤度分布
ᾱ = dnorm(0, 0.0001)
β = dnorm(0, 0.0001)
```

[*4] 古谷知之 [2008]『ベイズ統計データ分析　R&WinBUGS』朝倉書店, pp.137-142

τ = dgamma(0.01, 0.01)
ω = dgamma(0.01, 0.01)

STEP 4：スイッチ機能

有償プロモーターが起点となって発生したすべてのインフルエンサーコンテンツの発生分布をプロモーター生産関数 Ibase とし，時系列データを作成します。

STEP 5：最尤パラメーター推定

以上のベイズモデルを R 言語を用いてプログラミングし，MCMC（Markov Chain Monte Carlo method：マルコフ連鎖モンテカルロ法）による10,000回のシミュレーションを行い，事後確率が有意性を持つためのパラメーターを推定します。

対価労働の生産関数モデルの変数レンジ

プロモーター生産関数（Ibase）存在下での対価労働によるコトモノ財生産関数 P（EI | Ibase）のベイズ推定結果を示します。

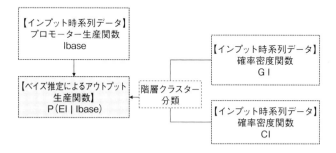

対価労働生産関数のベイズ推定フロー

対価労働生産関数の最尤パラメーター

	mean	SD	2.5%	50%	97.5%	n.eff	
$\alpha[1]$	1.0	0.5	0.0	1.0	1.9	1000	
$\alpha[2]$	0.1	0.3	-0.5	0.1	0.6	630	
α bar	0.7	7.2	-4.9	0.5	6.9	1000	
β	0.4	0.2	-0.1	0.4	0.8	720	
τ	1.2	0.4	0.6	1.2	2.0	1000	
ω	10.2	27.7	0.0	1.1	103.8	1000	スケールが前提条件と乖離
deviance	64.9	3.2	60.7	64.3	72.3	1000	

結果として，SNS個別効果のランダム要因（ω）が事前尤度関数から乖離しました。これは，初期プロモーションが過大であったことを示しています。初期プロモーションでの有償インフルエンサーのフォロアー数を変化させることで，ω の95%信頼区間を求めることができます。

無対価労働の生産関数モデルの変数レンジ

プロモーター生産関数（Ibase）存在下での無対価労働によるコトモノ財生産関数 P（SI | Ibase）のベイズ推定結果を示します。

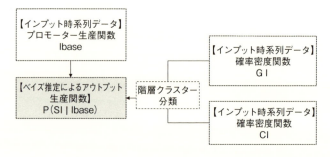

無対価労働生産関数のベイズ推定フロー

無対価労働生産関数の最尤パラメーター

	mean	SD	2.5%	50%	97.5%	n.eff
$\alpha[1]$	1.7	0.7	0.2	1.8	3.0	1000
$\alpha[2]$	-0.3	0.4	-1.1	-0.3	0.5	610
$\alpha\,bar$	0.9	9.1	-11.7	0.6	12.3	1000
β	0.0	0.3	-0.6	-0.1	0.6	840
τ	0.7	0.2	0.4	0.7	1.2	1000
ω	2.5	12.6	0.0	0.2	21.5	1000
deviance	77.4	3.6	73.0	76.6	86.0	1000

　結果として，すべてのインフルエンサーごとの最尤パラメーターについて，95％信頼区間の数値レンジを得ることができました。

本モデリング方法によってわかること

- 対価労働の生産関数は，有償プロモーターのランダム効果寄与度が大きいことがわかりました。本モデルを用いれば，循環効果を発生させるための最適な初期プロモーション投資を，最尤パラメーターレンジを用いて評価することが可能です。
- 無対価労働の生産関数は，インフルエンサーごとの最尤パラメーターについて95％信頼区間の数値レンジを得ました。本モデルを用いれば，SNSマーケティングの無対価労働を定量評価し，デジタルイノベーションがもたらしたサービス生産性の評価が可能です。
- SNS上の無対価労働力は販管費に含まれる人件費の削減効果を持ちますので，デジタル施策がデジタルサービス生産性に及ぼした効果を定量化することができます。

Case Study 5

ひらまつのビジネスモデル

下記のグラフは,外食チェーンの営業利益率の推移を比較したものです。

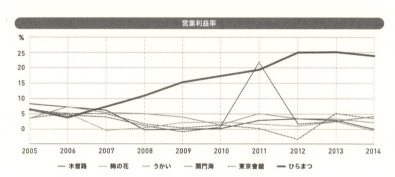

出典:SPEEDA

〈グループディスカッションの課題〉

① なぜ,ひらまつは,競合他社に比べて営業利益率が高いのでしょうか。ひらまつのビジネスモデルを調べ,その理由を考察してください。

② 下記の二つのビジネスモデルを利用して,ひらまつのビジネスモデルの付加価値源泉を考察してください。

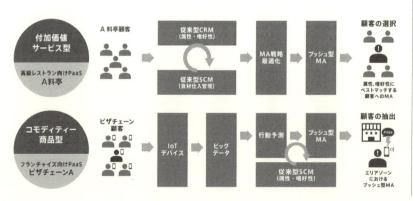

③　ひらまつのような営業利益率の高さを説明するにあたり，Lecture 07 の「組織設計 5 階層モデルと PDCA サイクル 10 ステップ」と「定量化モデル⑦：PE SILO モデル」を用いて，収益循環構造を説明してください。

Chapter 3

デジタル課税の構造的課題

Lecture 17 | BEPS行動計画とデジタル課税リスク

1　国際的なデジタル課税への動き

　ウーバーやエアービーアンドビーなどのシェアリングプラットフォーマーは，「個人の位置情報と趣味嗜好データを活用し，個人対個人取引ニーズをリアルタイムでマッチングさせる越境ECプラットフォーマー」への進化（＝パーソントリップ2.0化）の潮流にあります。その結果，越境EC取引は増加し，国際税務上のデジタル課税ルール策定が急がれながらも，各国の主導的なデジタル課税がすでにスタートしています。BEPS行動計画で提唱されたデジタル課税リスクを明らかにし，その機序ならびにデジタル無形資産に適した価値評価手法に着目します。

2　BEPSプロジェクト

　BEPSプロジェクトとは，2013年9月G20サミットで策定されたOECDを中心としたBEPS行動計画を策定するための多国間共同プロジェクトです。BEPS（Base Erosion and Profit Shifting：税源浸食と利益移転）の背景には，企業の多国籍化やグローバル企業が税制優遇国に本社を設立し「行き過ぎた利益移転」や，パナマ文書で明らかになった個人富裕層によるタックスヘイブンへの「行き過ぎた節税対策」があります。国際税務の基本は，二国間租税条約とAPA，ATRによる個別調整です。

国の課税権と企業の抗弁権の調整弁として，移転価格税制，アームスレングスルール，SOX法などの枠組みがあります。BEPSプロジェクトは，OECD，EC，G20を中心として，既存の国際税務体制では対応できなくなった「新たな国際間デジタル課税スキーム」の策定を目的としています。

3　デジタル課税とは？[*5]

　「ロボットがヒトの仕事をするようになれば，ロボットが生み出した付加価値に課税すればいい」──2017年春，マイクロソフト創業者ビル・ゲイツ氏の発言をきっかけに，デジタル課税の議論が関心を集めるようになりました。AIやロボットがヒトを失業させるなら，それらが代替した付加価値創出に対して課税を行い，失業したヒトに配分する「ベーシックインカム」という概念も提唱されはじめました。これまでのアナログ税制において，国が課税したのは所得，消費，資産の3つでしたが，デジタル課税では「無形資産」への課税が必要になります。デジタル課税と「デジタル無形資産の付加価値源泉化」は一体の関係にあります。

　Lecture 19で指摘するように，「AIなどの無形資産が創出する利益は誰に所属するのか？」という問題があります。つまり，AIを利用するユーザー，AIを開発したプロバイダー，そして運営するオペレーターの間で「利益の所有権」がわからないという構造的問題です。また，教師データで学んだAIの所有権を，開発企業とデータ提供企業のどちらがもつのかも課題です。開発企業がAIを特許化し，他の企業に提供するなど無形資産の実体化が不可欠になります。

　経産省は，デジタル課税の問題，課題を認識し，指針の策定を行っています。具体的に，ステイクホルダー間の利益配分の決定要因として，開発費の負担割

[*5]　佐久間優 [2018]「パーソントリップ2.0化する越境EC企業のBEPSデジタル課税リスク〜HTVI永続価値評価の永久成長率を代替する生態学ベイジアンモデル〜」『第61回日本経営システム学会全国研究発表大会講演論文集』pp.64-67

合，提供データの希少性，開発技術の独自性などが挙げられています。

4　BEPS包括的フレームワークとは？

BEPS包括的フレームワークとは，OECD加盟国を超える115か国からなる組織体（2018年5月時点）で，デジタル課税について検討しています。2013年発足時の行動計画の大きな目的は，

① 各国の主権を尊重しつつ，各国税制を調整するための国際ルールを策定する
② 実態性のある経済活動と価値創出がされる場所での利益課税を原則とし，租税条約，恒久的施設，移転価格に関する既存の国際課税ルールを検討する
③ 利益と課税の配分に関する共通規則を策定し，税務当局との個別交渉を避ける

ことにより，二重課税，多重課税を避ける「新たな国際課税スキーム」を構築することにあります。

BEPS行動計画15

2015年，BEPS行動計画15が定められました。2016年から実施段階に移行しており，特に「行動計画5　有害税制への対抗」，「行動計画6　租税条約の濫用防止」，「行動計画13　多国籍企業の企業情報の文書化」，「行動計画14　相互協議の効果的実施」をミニマムスタンダードとして，優先して実行しています。

行動計画1	電子経済の課税上の課題への対処	電子商取引等の電子経済に対する直接税・間接税の課税上の課題への対応を検討
行動計画2	ハイブリッド・ミスマッチ取決めの効果の無効化	金融商品や事業体に関する複数国間における税務上の取扱いの差異（ハイブリッド・ミスマッチ）の効果を無効化するため，国内法上・租税条約上の措置を検討

行動計画3	外国子会社合算税制の強化	軽課税国等に設立された外国子会社を使ったBEPSを有効に防止するため、適切な外国子会社合算税制を設計
行動計画4	利子控除制限ルール	相対的に税負担の軽い国外関連会社に過大に支払われた利子について損金算入を制限するルールを検討
行動計画5	有害税制への対抗	各国優遇税制の有害性を経済活動の実質性から判定するための新基準及び制度の透明性を高めるための新基準を検討
行動計画6	租税条約の濫用防止	条約漁り（第三国の居住者が不当に条約の特典を得ようとする行為）をはじめとした租税条約の濫用を防止するため、OECDモデル租税条約の改定及び国内法の設計を検討
行動計画7	恒久的施設（PE）認定の人為的回避の防止	PE認定の人為的回避に対処するためOECDモデル租税条約のPEの定義について修正を検討
行動計画8‐10：移転価格税制と価値創造の一致	行動8：適正な移転価格の算定が困難である無形資産を用いたBEPSへの対応策 行動9：グループ内企業に対するリスクの移転、過度な資本の配分等によって生じるBEPSの防止策 行動10：その他移転価格算定手法の明確化やBEPSへの対応策	
行動計画11	BEPSの規模・経済的効果の分析方法の策定	BEPSによる法人税収の逸失規模について、データの評価・指標の抽出・分析方法の策定を実施
行動計画12	義務的開示制度	プロモーター及び利用者が租税回避スキームを税務当局に報告する制度（義務的開示制度）を検討
行動計画13	多国籍企業の企業情報の文書化	共通様式に基づいた多国籍企業情報の報告制度を検討
行動計画14	相互協議の効果的実施	租税条約に関連する紛争を解決するためのより実効的な相互協議手続を検討
行動計画15	多数国間協定の策定	世界で約3,000本以上ある二国間租税条約にBEPS対抗措置を効率的に反映させるための多数国間協定を検討

出典：国税庁ホームページ

OECD BEPS 包括的フレームワークの中間報告 (2018)

2018年3月16日、OECD の BEPS Inclusive Framework(BEPS 包括的フレームワーク組織)は、「Tax Challenges Arising from Digitalization Interim Report 2018 (デジタル化による税務上の課題 – 中間報告2018)」を発表しました。この中間報告は、OECD ライブラリーから入手できます。

https://www.oecd-ilibrary.org/docserver/9789264293083-en.pdf?expires=1526433644&id=id&accname=guest&checksum=38D9EF192363B8658019807AA01485FD

「デジタル経済への課税」の実行段階へ

本中間報告によって、行動計画の中でも「行動計画1　電子経済の課税上の課題への対処」と「行動計画8-10　移転価格税制と価値創造の一致」に焦点があたり、デジタル課税が実行段階へ移行しました。

本報告書は、すべて英文で215ページ、518段落に及ぶ文章ですので、段階的に全体像を理解しましょう。

STEP 1 : 前提条件となる主要キーワードを考える

ヒトの主観でキーワード検索してゆくと、重要な結論が記述されている段

落がわかり，全体ストーリーの構成がわかります。例えば，「value」で検索すると，「value creation」「value chain」「value network」「value shop」がヒットし，さらに「value creation」の説明変数として「value chain」「value network」「value shop」のビジネスモデルが説明されているのがわかります。（第2章の段落251まで）

STEP 2：主要キーワードの接点を探す

次に，その「value creation をどのように定量化するのか」について，段落252から段落340までの「The BEPS Package」を読むと，「PE definition」がキーワードであることがわかります。したがって，「PE definition」で検索すると「amendments to the PE definition」「revised PE definition」「PE threshold」「service PE definition」がヒットし，国際課税の原則である「PE なければ課税なし」の変更が議論されており，「service PE」という新しいタームが用いられていることが発見できるでしょう。

➢ 「PE」「service PE」の定義：Permanent Establishment: 恒久的施設

The PE definition, used in most tax treaties and domestic provisions, encompasses two distinct thresholds: (i) a fixed place through which the business of the enterprise is wholly or partly carried on; or, (ii) where no place of business can be found, a person acting on behalf of the foreign enterprise and habitually exercising an authority to conclude contracts in the name of the foreign enterprise. Some countries and treaties also include the so-called "service PE" which deems a PE to exist where services are performed within another country through human agency for a certain period of time (e.g., specified number of days within any 12-month period). In all situations, a certain degree of permanence and physical presence in the source jurisdiction is required, either directly through a place of business (premises, facilities or installations), or indirectly through a person habitually engaging in certain activities in the source country.

STEP 3：具体的事例を探す

次に，段落341から段落369までは，各国の BEPS 行動計画1に対応した課税ポリシーの事例を記述しており，「Equalisation Levy（平衡税）」がキー

ワードであることがわかります。インド，イタリア，タイにおけるデジタル企業へのEqualisation Levyを具体的に記載しています。

STEP 4：総括から論点を整理する

そして，段落370から段落464が，現状説明としての結論になります。

キーワードは「profit allocation」「nexus rules」「jurisdiction」であり，中間報告時点での各国や企業が認識すべき論点が，①課税収益分配ルール，②課税収益を行う法的実体性，③その課税管轄，であることがわかります。つまり，たとえ限定的でもデジタル化による課税収益を計上（Profit allocation）するならば，その法的実体性（nexus issue）が存在し，その課税収益に対して管轄（jurisdiction）しなければならない，ということが読み解けました。

STEP 5：今後の方針を読み解く

最後に，BEPS包括的フレームワークのメンバー内において，多様性を持った対立意見グループに分かれていながらも，統一のデジタル課税フレームワークにまとめようとする方針が，段落372，373，392に示されています。

372. Members of the Inclusive Framework have different views on the question of whether and to what extent these features of highly digitalised business models and digitalisation more generally should result in changes to the international tax rules. There is acknowledgement of the continuing evolution of digital technologies. Nonetheless, there is no agreement over the tax implications of scale without mass and a greater reliance on intangibles. Further, with respect to data and user participation, there is no consensus on whether, and the extent to which they should be considered as contributing to a firm's value creation, and therefore, any impact they may have on the international tax rules.

373. While acknowledging these divergences, members of the Inclusive Framework agree that they share a common interest in maintaining a single set of relevant and coherent international tax rules, to promote, inter alia, economic efficiency and global welfare. As such, they have agreed to undertake a coherent and concurrent review of the two key aspects of the existing tax framework, namely the profit allocation and nexus rules that would consider the impacts of digitalisation on the economy.

392. Some of these countries are generally concerned that a growing range of enterprises can now be heavily involved in the economic life of a market jurisdiction (e.g., through a large number of sales, market-specific investments) with a taxable presence that currently only attracts a minimal taxable base, or with no taxable presence at all. According to thesecountries, a changing global economy presents a challenge to the adequacy of the two basic concepts that underlie the current tax framework. <u>First, it raises a profit allocation issue, as more and more profit is dependent on non-physical and mobile value drivers (e.g., various types of knowledge-based capital). Second, it raises a nexus issue, as the limited or lesser need for physical presence to carry on economic activities challenges the extent to which the existing PE definition (e.g., a "fixed place of business") is still a relevant nexus for determining the jurisdiction in which to tax business income.</u>

予測されるサービス PE への課税とその閾値リスク

　中間報告から読み取れる潮流は,「PE なくして課税なし」の従来原則を,デジタル課税に適用してゆくという大きな主論です。そのため,各デジタル企業は,二重課税,多重課税を避けるために,デジタル収益の所有権に対する抗弁論拠を構築する必要があります。

　例えば,積極推進国(例:インド,イタリア,タイ)は,「サービス PE」と「サービス閾値」を定義し,「Equalisation Levy (平衡税)」を実施しており,国が定めるサービス閾値の定義例が示されています。

① 加盟国利用者へのデジタルサービス収入が700万ユーロを超える
② デジタルサービスユーザー数が10万人を超える
③ 加盟国の個人と法人居住者とのオンライン契約数が3,000を超える

　各国がそれぞれこのような定義策定を行うと,納税者サイドは二重課税,多重課税リスクが高いことが予測されます。したがって,BEPS ルールの運用がサービス PE 閾値によって行われる潮流を理解しながら,パーソントリップデータ要素を,共通法人連結課税の配分式に含めることが認められるような APA, ATR 等の個別戦略で対応する必要性があります。

5　越境EC企業のデジタル課税リスク

　BEPSプロジェクトは，15の行動計画（アクションプラン）が独立にデジタル課税の概念や方針を提唱したため，それぞれの矛盾や定義の不明確さがもたらす「デジタル課税リスク」を浮き彫りにしました。そのため，越境EC企業はそれぞれ二重課税，多重課税を回避する論理を各国課税当局に対して抗弁する必要に迫られるリスクが発生しました。

サービスPEリスク

　BEPSアクションプラン1（AP1）は，「電子商取引等の電子経済に対する直接税，間接税の課税上への検討」を目的としています。AP1は「PEなくして課税なし」の国際課税ルールを踏襲し，「サービスPE」の概念を提唱しました。しかし，その明確な定義がないため，各国が独自でサービスPEを定義し，越境EC企業に対して自国内課税を行う余地が発生しました。デジタル課税に積極的な国（例：インド，イタリア，タイ）は，独自の閾値を設定し，サービスPEへのデジタル課税を開始しています。しかし，この課税はコスト控除前のグロス売上高（Turnover）に対する課税であるため，必然的な二重課税構造を引き起こしています。

移転価格リスク

　BEPSアクションプラン8（AP8）は「移転価格（TP）の算定が困難である無形資産を用いたBEPSへの対応策の検討」が目的です。「取引単位利益分割法（Transactional Profit Split Method）」を基本とする移転価格統制継承を提唱したため，デジタル取引マージンがその制約条件へ抵触するリスクが顕在化しました。AP1のサービスPEへのデジタル課税にも，取引単位利益分割法の選択肢が検討されています。この潮流は，アクションプラン10（AP10）「租税回避の可能性の高い取引に係る移転価格ルール」の側面から検討され，

現行の移転価格ガイドラインの改訂と整合性をとるものです。独立企業間における移転価格ルール策定において，取引単位利益分割法が最適算定手法とならないときは，コストベース，資産ベースで利益分割を対象とする場合，もしくは，予測利益，実際利益を分割対象とするのが適切な場合があります。

HTVI 源泉の付加価値利益への税務否認リスク

AP 8 は，さらに Hard-To-Value-Intangibles（HTVI：評価困難な無形資産）に関する取引も取引単位分割法に準拠することを提唱しました。しかし，HTVI の明確な定義がなされていないため，HTVI を付加価値源泉とした収益に対する税務否認リスクが顕在化しました。

ただし，AP 8 が HTVI を固有名詞化させたことは，デジタル無形資産の価値評価問題に焦点を当てることとなり，**Lecture 18** の「フィンテックプロバイダーの過小評価問題」や，**Lecture 19** の「XaaS プロバイダーと XaaS ユーザー間に生じる価値移転機序と，付加価値源泉の所有権のあいまいさ」の言及に寄与しています。

6 「定量化モデル⑦：PE SILO モデル」によるデジタル課税機序

PE ベースの収益構造最適化

PE SILO モデルは，PE 個別の収益構造と原価構造を時系列で示します。「サービス PE」が認識された場合，デジタル課税がどのフェーズで発生リスクがあるかを可視化します。また，PE SILO モデルは，PE 別の収益構造＆原価構造最適化を，具体的な計算式に落とし込むことができます。

➢ PE SILO モデル

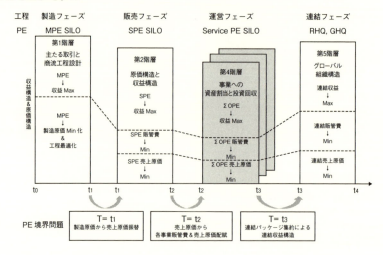

PE SILO モデルによる最適化計算式

✓ 製造 PE（MPE, Manufacturing PE）：収益 Max，製造原価 Min 化＆工程最適化
✓ 販売 PE（SPE, Sales PE）：収益 Max，販管費 Min，売上原価 Min
✓ サービス PE（Service PE）：オペレーション収益 Max，販管費 Min，売上原価 Min
✓ 地域拠点，グローバル拠点（RHQ, GHQ）：連結収益 Max，連結販管費 Min，連結売上原価 Min

PE 境界問題

フェーズごとの収益構造，原価構造を計算式に落とし込む際，PE 境界問題が生じます。取引単位分割法に準拠した PE 間の取引振替は，スポットで発生します。例えば，製造フェーズから販売フェーズへの一連の取引科目の振替は，$T=t_1$ におけるスポット作業として処理すべきですが，現実では個々の取引を一連の取引科目に紐づけする作業前後でタイムラグが発生するため，実務上では PE 全体を俯瞰した順列的かつ並列的な全体最適化問題となります。

PE 制約条件

　各フェーズでは，デジタル課税に関する BEPS 制約の他に，PE 所在国における既存の制約条件があります。
① BEPS 制約：利益移転とデジタル課税の制約条件
② GDPR 制約：各国の個人情報保護法
③ 移転価格制約：独立企業間取引の制約条件
④ アームスレングスルール：グループ内取引価格の制約条件
⑤ 独立企業間取引価格に関する事前協定（APA）：移転価格規定外の合意済み制約条件
⑥ タックスヘイブン税制：実体のない租税回避行為に対する制約条件

サービス PE へのデジタル課税リスク機序

　サービス PE へのデジタル課税は，①法人税リスク，②個人所得税リスクに分類することで単純化できます。法人税リスクは，国外課税でのグロス売上高に対する二重課税リスクである一方，個人所得税リスクは，国外顧客の所得税源泉管理を当該外国課税当局から求められることを意味します。例えば，インドのユーザーが，越境 EC 型日系企業にアカウント口座を開設し，個人間デジタル取引で収益を得た場合，インド課税当局は，アカウント所在地である日本法人にその所得源泉徴収義務を求めてくるリスクがあります。

➢ デジタル課税リスクの機序

①法人税リスク：サービス PE への Turnover ベース法人税

②個人所得税リスク：サービス PE への Turnover ベース法人税＋個人源泉所得税

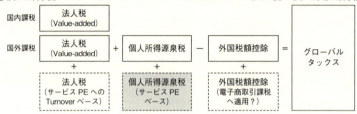

Column
日本政府による BEPS 対策

　外務省は,「税源浸食及び利益移転を防止するための租税条約関連措置を実施するための多数国間条約」を公布しました（2018年9月28日公布）。
　これにて，2016年11月24日にパリで採択された「税源浸食及び利益移転を防止するための租税条約関連措置を実施するための多数国間条約」の受託書を，2018年9月26日付にて OECD 事務総長に寄託し，2019年1月1日から日本において同条約が効力を生じました。
　ただし，BEPS 二重課税リスクについては同条約の規定に従うが，内容の留保をするという通告しています。「次に掲げる国又は地域との間で効力を有する所得に対する租税に関する二重課税を回避するための協定を条約の対象とすることを希望する」とあり，デジタル積極国の例で示したインドやイタリアを含む39カ国を対象としています。
　興味深いのは，インドとは2006年に「所得に対する租税に関する二重課税の回避及び脱税の防止のための日本国政府とインド共和国政府との間の条約を改正する議定書」を批准しているにも関わらず，本多数国間条約でも二重課税リスクを担保していることです。BEPS プロジェクトのデジタル課税の解釈が時系列的に新しいため，デジタル課税リスクを十分に担保するために，そのような戦略的抗弁を行っている現状が理解出来ると思います。
　したがって，越境型 EC 企業も，今後 BEPS プロジェクトがどのようなデジタル課税に関する定義を設けようと，二重課税リスクを担保するための抗弁論拠を常に考える姿勢が求められます。

Lecture

18

デジタル先進企業はなぜ過小評価されるのか？

1 ホテルセクターのサービス生産性の現状

デジタル革新技術は本当にサービス生産性を向上するのか？

　サービス産業におけるデジタル革新技術は，本当に「付加価値創出源泉となる無形資産」と言えるのでしょうか？

　製造業全体とサービス産業との比較，そして，サービス産業の中でも，デジタル技術セクターとしての「情報サービス（93社）」，また，デジタル技術導入セクターとして「ホテル（8社）」について，サービス生産性を検証します。

サービス業の中でもホテルセクターの生産性は低い

　Lecture 25 にて検証するように，ICT 生産企業は ICT 導入企業に対して生産性が高く，その原因は ICT 生産企業と ICT 導入企業の ICT リテラシーに違いにあります。本検証でも，サービス産業平均に対して ICT 生産企業の情報サービスセクターはアウトパフォームし，ICT 導入企業のホテルセクターはアンダーパフォームしています。デジタル革新技術を「作る側」は付加価値創出が高く，「使う側」は付加価値創出が低いことを示しています。

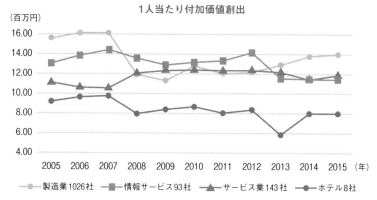

出典:株式会社日本政策投資銀行『産業別財務データハンドブック』から筆者作成

付加価値を創出する有形固定資産の質が異なる

　労働装備率とは、従業員1人当たりの有形固定資産です。情報サービスセクターでは労働装備率は4.5百万に過ぎないのに、12百万円の付加価値を創出しています。ホテルセクターは、労働装備率14百万円で、8百万円程度の付加価値しか創出できていません。このことは、ホテルセクターと情報サービスセクターが有する「有形固定資産の質」が異なることを示しています。

出典:株式会社日本政策投資銀行『産業別財務データハンドブック』から筆者作成

情報サービスセクターの有形固定資産の異質性

同様に、資本生産性は有形固定資産に対する売上高の回転率を表します。製造業セクター、サービス業セクター、ホテルセクターが100％を下回るのに対して、情報サービスのみ240％と突出しており、ここでも情報サービスセクターの「有形固定資産の質」が異なることを示しています。

出典：株式会社日本政策投資銀行『産業別財務データハンドブック』から筆者作成

情報サービスセクターとホテルセクターの共通性

ここで、情報サービスセクターとホテルセクターの付加価値割合を見てみましょう。付加価値率とは、売上高に占める付加価値を表します。製造業に対して、サービス産業は圧倒的に付加価値率が高い産業であることを示しています。

情報サービスセクターとホテルセクターの共通点は、「売上高に対する付加価値率の高さ」です。その源泉である有形固定資産の質には特異な差異がありますが、サービス業のサービス生産性評価において、総売上高より付加価値をより重視するべきであることがわかります。このことが、サービス業において付加価値売上を導入するメリットです。

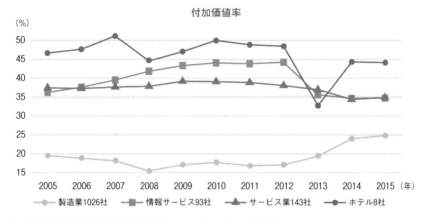

出典:株式会社日本政策投資銀行『産業別財務データハンドブック』から筆者作成

2 デジタル先進企業の価値評価の適切性検証

　IFRS（国際財務報告基準）やJ-GAAP（日本会計基準）は，無形資産の資産計上ならびにその減価償却（Amortization）に対して識別可能性などの計上要件の立証を求めています。これまで，そのハードルの高さが構造的問題点であると指摘されてきました。果たして，デジタル技術先進企業の適正価値は従来的手法で適切に評価されるのでしょうか？

　以下ではデジタル革新技術の先行企業を対象に，その無形資産の価値評価適正性について検証し，改善に向けた構造的課題を提唱します[*6]。

デジタルサービス先進企業の価値評価の方法

　有形固定資産を基礎とする従来型評価式と無形付加価値源泉を含んだインダストリ4.0時代の評価式を用いて，フィンテック，IoT先進企業の労働集約率とサービス生産性伸長率の相関性を分析します。

---

*6　佐久間優［2017］「デジタル革新技術評価を適正化する価値連鎖フレームワーク〜FinTech先進企業の過小価値評価にみる無形の付加価値源泉の認識〜」『第59回日本経営システム学会全国研究発表大会講演論文集』pp.24-27

① 従来型付加価評価

> **従来型定義**
> 有形固定資産源泉の付加価値
> ＝営業利益＋人件費合計＋賃借料（含むリース料）＋研究開発費
> 　＋公租公課＋減価償却費

> **従来型定義**
> サービス生産性（変数 YI）
> ＝有形固定資産源泉の付加価値 ÷ 有形固定資産

> **従来型定義**
> 労働集約率（変数 XI）
> ＝有形固定資産源泉の付加価値 ÷ 従業員数

② インダストリ4.0時代の付加価値

> **検証用新定義**
> 有形＆無形資産源泉の付加価値
> ＝営業利益＋人件費合計＋賃借料（含むリース料）＋研究開発費
> 　＋公租公課＋減価償却費＋（ネット）無形固定資産増減
> 　＋（ネット）技術資産増減　　　　　　検証用新定義

> **検証用新定義**
> デジタルサービス生産性（変数 YII）
> ＝有形＆無形資産源泉の付加価値 ÷ 有形固定資産

> **検証用新定義**
> 労働集約率（変数 XII）
> ＝有形＆無形資産源泉の付加価値 ÷ 従業員数

③ 分析方法

X 軸は労働集約率の差分，Y 軸はサービス生産性伸長率の差分とし，相関性を分析を行います。

$\varDelta X = 変数 XII - 変数 XI$
$\varDelta Y = 変数 YII - 変数 YI$

➢ IoT 先進企業のサービス生産性検証：32社の付加価値創出因子

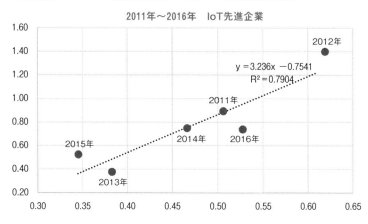

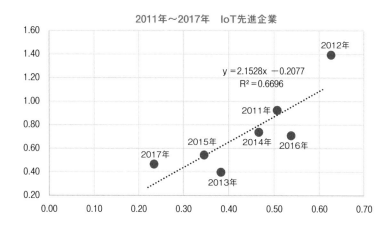

Lecture 18 デジタル先進企業はなぜ過小評価されるのか？

IoT先進企業は，1単位当たりの労働集約率増加に対して，2.15～3.24倍の付加価値創出を実現しています。統計学的に有意性を示すには，本調査サンプル数のデータ数は少ないのですが，調査対象IoT先進企業32社について，おおよそ以下のことが予見できます。
- IoT先進企業は，有形固定資産の売却と無形資産の取得を同時に推進し，有形固定資産あたりの付加価値創出（無形資産含む）を増加させている
- IoT先進企業においては，労働装備率の伸び（従業員1人当たりの有形固定資産）と従業員1人当たりの付加価値創出の伸びは正の相関を持つ。

　IoT先進企業は，デジタル技術リテラシーの強みを生かして，従業員のデジタル技術を使いこなすオペレーション能力向上を進め，その能力を発現させることに成功させ，デジタル無形資産からの付加価値創出に成功をなし得ていると言えます。
　IoT先進企業には，「有形固定資産の売却と無形資産の買い」を同時に進めるユーザー企業と，「有形固定資産投資の増加とともに無形資産の買い」を行うプロバイダー企業があります。プロバイダー企業は，自社のPaaS基盤を構築し，ライセンスフィーを収益源にしているという全体傾向を観察できます。

> フィンテック先進企業のサービス生産性検証：34社の付加価値創出因子

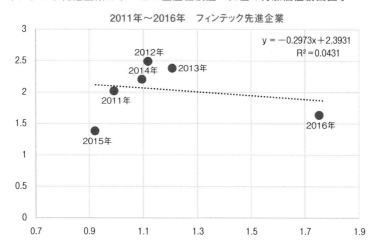

　フィンテック先進企業は，1単位当たりの労働集約率増加に対して−0.87〜−0.30倍の負の付加価値創出であることが示されました。

　2つの検証結果からIoT先進企業とフィンテック先進企業について，労働集約率に対するサービス生産性伸長率の相関性について，背反的状況が観察さ

れました。フィンテック先進企業の付加価値創出源泉が過小評価されている可能性に着目し，以下でその機序を考察します。

フィンテック先進企業が過小評価されるメカニズム

　BaaS（Banking as a Service）企業は，B２C，B２Bプラットフォームを金融機関と共同開発する大手SIerであり，決済，送金，為替，認証，セキュリティアプリケーション開発とその運営ノウハウを提供する大規模BaaSプロバイダーです。

　このBaaSプロバイダーは，有形＆無形資産のCAPEX投資が必要ですが，無形資産の減価償却（Amortization）が算入されず，回収科目が有形固定資産の減価償却とライセンスフィーなどの営業利益内因子に限定されてしまいます。

```
従来型付加価値定義式の問題点
                              無形の付加価値源泉の売上は，
有形固定資産源泉の付加価値        ここに含まれるのみ
＝ 営業利益 ＋人件費合計＋賃借料（含むリース料）＋研究開発費
　＋公租公課＋ 減価償却費 ◀------ 無形資産投資の減価償却は含まれない
```

　このようにデジタル革新企業でも，プロバイダー企業とユーザー企業の間で価値移転が生じていることが予見できます。Lecture 19にて構造的問題として言及します。

Lecture 19

XaaS 分離の意義と構造的問題点

XaaS 成熟化がプロバイダーとユーザーの価値移転を招いた必然性

　XaaS プロバイダーは，自前主義にて IoT＋XaaS プラットフォームのハードとソフトの有形固定資産投資を行うため，資本力が求められます。それに対して，XaaS ユーザーはプロバイダーたちが提供してくれるハード，ソフト，プラットフォーム，オペレーションノウハウ，人材を非自前主義にて利用することによって，最小限費用での運営が可能です。

　デジタル革新技術という無形の付加価値源泉がプロバイダーの巨大な資本力によって創出され，その付加価値が運営サイドに価値移転されるのは，必然的な結果といえます。

KPI_4 コントロールによる価値移転に係る構造的問題の解決策

　デジタルサービス生産性で示した価値移転率（KPI_4）は，オペレーション実体の内製化と外注化のバランス率，レバレッジ率を表す指標と言えます。

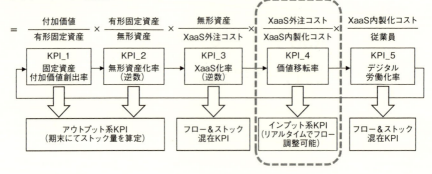

もう一度，デジタルサービス生産性のKPI分解式を示します。

KPI_4に着目すると，オペレーション機能実体化がもたらす2つの構造的問題点がわかります。

- ハード，ソフト，オペレーションの実体化，分離化は，特にオペレーション機能実体の内製化，外注化が行われた際，その付加価値源泉の所有権にあいまいさをもたらす。
- プロバイダー企業から派遣や常駐にて，運営人材をユーザーサイドが変動費で取り込んだ場合，その付加価値源泉はユーザーの内製機能なのか，外注された運営者（ヒト）なのか，いずれにも解釈できる「所有の在り処」が所有権のあいまいさの起因となる。

役務取引売上高の所有権の帰属性

ここで，高いスキルのマッサージ師と普通のマッサージ師を例にとり，付加価値源泉の帰属性を考えます。施術施設が同一条件であれば，マッサージ師のノウハウが付加価値源泉であり，そのオペレーション能力を持つマッサージ師にその所有権は帰属すると考えられます。高いスキルを持つマッサージ師は「指名料」という形でその付加価値所有権を享受できます。ここにあいまいさはありません。

しかし，もしピアニストとバイオリニストを例にとるとどうでしょうか？両者とも1億円相当の楽器を用いて，同条件の施設でコンサートを行い，チケットは一枚一万円とします。ピアノを持ち歩くことはできませんので，コンサート施設の所有物です。バイオリンは持ち歩けますので，バイオリニストの所有物です。このような場合，一万円の売上を合理的に割り当てるためには，付加価値源泉の所有者を明確にし，原価を割り当てる必要があります。ピアニストやバイオリニストのヒトなのか，高いスキル（＝オペレーション能力）を分離した無形資産ノウハウなのか，無形収益源泉の帰属性を割り当てることは簡単ではないことがわかります。

> **機能実体化と所有権のあいまいさ**

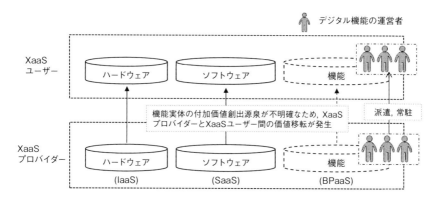

ユーザーサイドがXaaSの選択権を持ちKPI_4をレバレッジする戦略は，2つの理由で重要です。1つは，フロー指標を期中内にて柔軟性を持って最適化し，サービス生産性を向上させること。もう1つは，収益構造，原価構造を確立させ，実需サイドのデジタル価値連鎖のコントロールスイッチを操作することです。

本来なら，プロバイダーが計上するべき「実需化した付加価値」をユーザーサイドが資産計上する方法が必要です。これについては，Lecture 22の付加価

値売上の導入によって解決できます。

> XaaSプロバイダーとユーザー間の「価値移転に関するゲーム的状態」

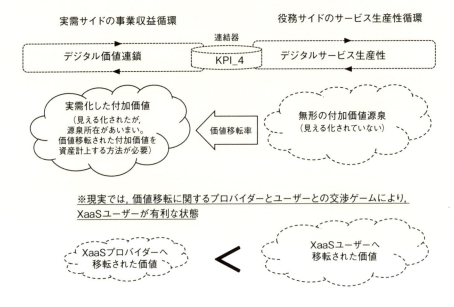

無形資産評価適正化に向けた構造的課題

フィンテック先進企業の過小評価から、下記の構造的課題を指摘します。
① XaaS実体化は、デジタル革新技術に関する「経済的・機能的な一体不可分性」に複数の会計的解釈機会を与えたため、無形資産計上とその減価償却に係る合理的な解釈が必要とされる。
② デジタル革新技術を持つプロバイダー企業は大型有形＆無形資産のインプット計上は必須であるが、無形資産の付加価値源泉化の会計制度環境が不備のため、ユーザー企業は戦略オプション的に価値移転している可能性がある。

③　デジタル革新企業の価値評価適正化のためには，XaaSプロバイダーからユーザーへの価値移転に係るゲーム的構造を排除する必要がある。

④　フィンテック先進企業などのデジタル技術に対する過小評価を適正化するためには，デジタル革新技術を付加価値源泉として認識する必要がある。

⑤　具体的には，デジタル革新技術に関するソフトウェア，ライセンス，自己創設のれん，無形資産の減価償却の資産計上に係る会計処理の整備が必要である。

Lecture 20 　無形資産を実体化させる現行会計基準の解釈

1 　デジタル先進企業による現行会計基準下で解釈とは？

　日本会計基準（以下，J-GAAP）は，ソフトウェア，研究開発費，企業結合時ののれん以外の無形資産について明確な基準がありません。AIやフィンテック等デジタル革新技術やオペレーションノウハウは，いずれも無形資産であるため，その付加価値源泉の所有権が，プロバイダー，ユーザー，オペレーターのいずれに帰属するか，経産省によって指針作りがなされています。

　デジタル先進企業は，現行会計基準にてどのように無形資産を解釈し，有価証券報告書へ表記を行っているのでしょうか？　無形資産を実体化させる合理的論拠の実際を考察してみましょう。

2 　調査方法と結果[*7]

（1）調査項目
　　【対象】XaaSプロバイダー企業の上場34社の有価証券報告書を調査
　　【方法】・大分類：「会計基準の選択」
　　　　　　・中分類：J-GAAP適用会社は「ソフトウェア会計の解釈」，
　　　　　　　　　　　 IFRS併用会社は「無形資産の解釈」

[*7] 佐久間優［2018］「デジタル先進企業における無形資産実体化の経営意思決定ツリー」『第60回日本経営システム学会全国研究発表大会講演論文集』pp.18-21

- 小分類:「原価振替の明細開示」。「原価振替」は,「製造原価から売上原価への振替明細」「無形資産の計上科目」「自己創設のれん」にて分類

(2) 大分類:会計基準の選択

　J-GAAP適用会社は82.3%(28社／34社),J-GAAPとIFRS併用会社は,17.7%(6社／34社)でした。

会計基準選択の割合

J-GAAP+IFRS
17.7%

J-GAAP
82.3%

(3) 中分類:J-GAAPソフトウェア会計の解釈

　クラウドソフトウェアの「自社利用もしくは販売目的」の定義は,自社利用のみが55.9%(19社／34社),自社利用と販売目的の両方が44.1%(15社／34社)でした。

ソフトウェアの定義

自社利用
＋
販売目的
44.1%

自社利用
55.9%

ソフトウェア内容の記載なしが58.8%（20社／34社），記載ありが41.2%（14社／34社）でした。（※IFRS併用会社も含めた全34社を母数）

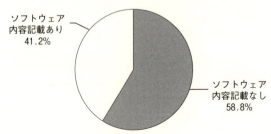

開発ソフトの具体的名称記載が64.3%（9社／14社），プラットフォーム名称記載が21.4%（3社／14社），IFRS連結財政状態計算書への参照が14.3%（2社／14社）でした。

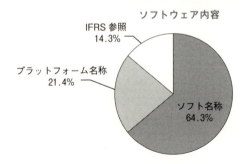

（4）小分類：原価振替の明細開示

原価記載について，売上原価明細書が67.6%（23社／34社），製造原価明細書が23.6%（8社／34社），明記なしが8.8%（3社／34社）でした。（※IFRS併用会社も含めた全34社を母数）

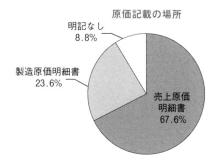

原価振替明細は,売上原価記載のみ23.5%(8社／34社),製造原価記載のみ8.8%(3社／34社),振替明細なし35.2%(12社／34社),他勘定振替明細あり32.3%(11社／34社)でした。

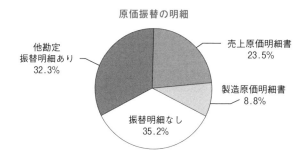

(5) 中分類：IFRS 併用会社の無形資産の解釈

IFRS 併用企業 6 社について,「自己創設のれんを含むソフトウェア」が50%(3社／6社),無形資産計上なしが50%(3社／6社)でした。

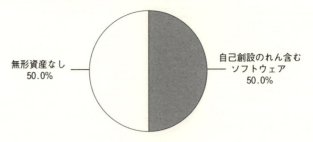

自己創設のれんを含むソフトウェアの割合

無形資産なし 50.0%
自己創設のれん含むソフトウェア 50.0%

（6）小分類：IFRS 併用会社の原価振替の明細開示

　原価振替の明細開示は，売上原価明細書が83.3%（5社／6社），製造原価明細書が16.7%（1社／6社）でした。

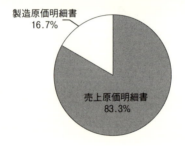

IFRS 併用会社の原価記載場所

製造原価明細書 16.7%
売上原価明細書 83.3%

　原価振替の明細は，売上原価記載のみが33.3%（2社／6社），製造原価記載のみが0%（0社／6社），振替明細なしが33.3%（2社／6社），他勘定振替明細ありが33.3%（2社／6社）でした。

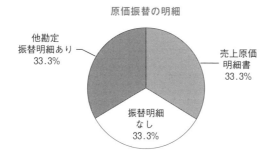

3 無形付加価値源泉を取り込む合理的解釈

(1) J-GAAP による代表的解釈①

【解釈①】
　"J-GAAP ソフトウェア会計基準により自社クラウドを無形固定資産計上。3～5年の規則的償却ならびに「旧バージョン資産グルーピング」への減損評価見合いを損金算入する"

　J-GAAP 適用会社は，ソフトウェア，研究開発費，企業結合時ののれんという既存の無形資産の解釈によって，償却資産化する必要があります。そこで，独立した FCF を生み出す無形資産を最小単位としたグルーピングを行い，将来 FCF 創出力に疑義が生じれば「固定資産の減損損失」として計上できます。グルーピング単位ごとの将来価値の毀損発生を理由に減損計上する解釈です。

▶ポイント
- 自社利用ソフトウェア（3～5年定額法）として償却性無形固定資産化する
- ソフトウェア償却費は，製造原価，売上原価，販管費内で計上する
- ソフトウェアはバージョンごとにグルーピングし，最小グループ単位の FCF プロジェクションを策定

- 新バージョンリリース時に，旧バージョングループに対する減損会計を適用する

（2） IFRS 併用による代表的解釈②

【解釈②】
　"IFRS の無形資産に追加的解釈を加えた IAS 第38号を適用し「自己創設のれんを含めたソフトウェア」のグルーピングを行い，無形資産計上する。再評価測定基準モデルにて，自己創設のれん見合いの毀損を理由に，資産化せず当期償却する"

　IFRS は "分離可能もしくは契約，法律的権利に基づく物理的実態を持たない識別可能な非貨幣性資産" として無形資産を定義しています。IAS 第38号は IFRS 無形資産に追加的解釈を付加し，活発な市場がある場合，評価測定基準モデルを採用できるようにしました。そのため，耐用年数を確定できない場合，確定できるまで償却を行わず毎期減損テストを実施し，取得原価確定後は耐用年数にわたり規則的償却を行うことができます。そこで，J-GAAP の解釈①を拡大し，自己創設のれんを含めたソフトウェアによるグルーピングを行い，その自己創設のれん見合いの将来価値毀損を理由に，当期内に減損処理する解釈です。

▶ポイント
- 自己創設のれんを含めたソフトウェアのグルーピングを行い，無形資産計上する
- グループ単位の FCF プロジェクションにて，評価測定基準モデルを策定する
- 自己創設のれん見合いの将来価値毀損を理由として資産計上せず，当期費用化する
- グルーピングしない一般的なソフトウェアは，「販売費及び一般管理費」にて別途償却する

4 原価振替の明細開示に導く動機とは？

　無形資産に関する経営戦略が必ずしも有価証券報告書にて言及されるとは限らず，非デジタル企業に対する統計学的な有意性を示すにはサンプル母数が圧倒的に少ないため，ここでは原価振替明細を開示に導く動機について考察します。

　小分類である「原価振替の明細開示」について，J-GAAP 適用企業は64.8%，IFRS 併用企業は66.7% であり，いずれも高い割合でした。J-GAAP と IFRS 併用企業は，財務諸表の二重管理に多大な労力を必要とする反面，多様な無形資産計上の可能性を享受できるメリットがあります。

　デジタル革新時代の競争優位性を考えたとき，成長 M&A と統合作業（PMI）の連続性を担保する社内環境をあらかじめ整備することは合理的です。企業結合時において確実に発生する「無形資産の PPA（Purchase Price Allocation：事業への無形資産配賦）」の複雑な作業を標準化したいという動機が，原価振替明細の積極的開示に導いていると考えられます。

　PPA 実務では，無形資産の配賦による分割 BS 作成と，事業別 PL 策定の合理的論拠が求められ，取引ベースのグルーピングと，グループごとの資産・売上高・製造原価・売上原価の紐づけが前提になります。支配権移動を伴う企業結合では，無形資産の時価評価はデューディリジェンスの大きな交渉焦点です。あらかじめ売上・原価・資産を紐づけした財務会計・管理会計制度を整備することは M&A 前後の作業を迅速化させ，それが M&A 成否要因になることを M&A 経験値の高い企業は知っているため，原価振替明細を開示の動機づけになっていると考えます。

　無形資産価値を取り込むための 2 つの代表的な解釈は，近い将来，AI が代替するであろうオペレーション業務の付加価値，すなわち「ベーシックインカム」の価値評価の解釈となり得る考え方です。このようなデジタル先進企業による無形資産取り込みと評価手法の社内整備へのチャレンジは，社会的コンセ

ンサス形成へのアプローチに結び付いていると考えられます。M&A 社外交渉において CAPM に基づく DCF 法が急速に普遍化したように，デジタル無形資産の評価手法の社外コンセンサス化に向かう一過程であると考えられます。

> 現行会計基準下による無形資産計上の合理的解釈

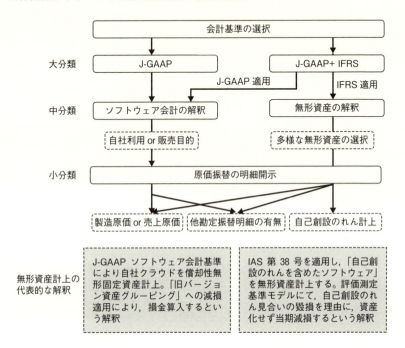

Chapter 4

企業の解決策：
BEPS×GDPR 時代の成功戦略

Lecture 21 成功戦略①：デジタル無形資産の実体化アプローチ

1 デジタル無形資産評価は，ブルーオーシャンビジネス

IFRSやJ-GAAPは，無形資産の資産計上ならびにその減価償却（Amortization）に対してハードルが高いと言えます。マイクロソフトやコカコーラなども，自己創出のれんを資産化，費用化もしていない状況です。

果たして，「デジタル先進企業の適正価値」は従来的手法で適切に評価されるのでしょうか？ 答えは，Lecture 18 で述べたように「No」です。しかし，デジタル革新技術を作る側と使う側では，新概念②「価値移転」というメカニズムが発生するため，合理的な説明ができれば無形の付加価値を取り込むことができるというゲーム的状況にあります。

2 無形資産の付加価値源泉化へのチャレンジ

ここまで無形資産計上のハードルは高いがチャレンジする必要性を述べてきました。AIが浸透したことによって追い風ともいえる3つの課題が認識され，然るべき場所において議論がなされています。

① **AI利益分配の課題**

　　AIが生み出す利益を開発企業と利用する企業間でどのように配分するかが，AIの開発契約において経産省が指針化を進めています。本書では

同様な課題意識にて，デジタル先進企業のデータを分析し，プロバイダーからユーザーへの価値移転が発生していることを詳述しています。AI開発契約における指針においては，利益の分配，利用権限の設定，知的財産の扱い，責任所在などの要素が盛り込まれる予定です。

② AI課税の課題

欧州では，将来AIに代替される作業から創出される付加価値を「ベーシックインカム」としてすべての国民で共有するコンセプトが広がっています。そのためには，AIなどのデジタル無形資産を付加価値源泉として計上するとともに，「一体，何に課税をするのか？」という本質的な研究を行わなければなりません。本書も，このような学術研究の一環です。これまでの課税は，所得，消費，資産が基本でしたが無形資産は論点になりませんでした。またBEPS議論の中で，移転価格税制が「恒久的施設（PE）」に対しての課税を行う前提が確認されたために，AI課税対象物の「無形の付加価値源泉性」「その所有権の帰属性」について論じています。

③ ICO調達の会計処理課題

ICO（Initial Coin Offering）とは，トークンと呼ぶ独自の仮想通貨で資金調達を行う制度です。仮想通貨売買の会計ルール草案が2017年末に公表されましたが，ICOでの資金調達については会計ルールがまったく整備されていません。その結果，決済代行サービスを手掛けるメタップスは四半期決算開示（2018年1月15日）において，仮想通貨をBS上の負債として取得時価格で計上しました。ただ，仮想通貨が負債の特性であるFixed Incomeが適当か，は議論の余地があるでしょう。また，資本の部として計上するためには，会計ルールを変更しなければならないため，多くの時間を要するでしょう。このようにICO調達の会計ルール策定には未だ多くの課題があります。

3　無形の付加価値源泉の計上にチャレンジする前にすべきこと

すべての取引の仕訳データは，売上勘定，仕入勘定，繰越商品勘定を基本に総勘定元帳に集約されます。しかし，多くのサービス業では，取引データが紐づけられていないため，事業セグメント別や製品別の分析が行えない状態です。そのために，後づけでの紐づけ作業が必要になります。

> 取引データに属性が紐づけられていない場合

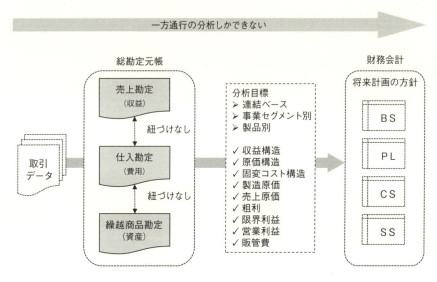

あらかじめ取引に属性情報を付与する総勘定元帳が大前提

理想の財務会計では，取引データが収益，費用，資産勘定において紐づけられており，それぞれに属性情報のフラグが与えられ，属性情報をもとに取引グルーピングを行うことが可能です。

➢ 取引データに属性が紐づけられている場合

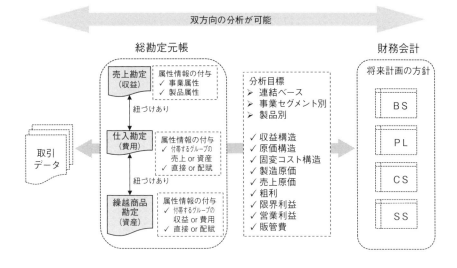

総勘定元帳とグルーピングマスタの作成

　取引データの会計処理方式は会社によって様々です。取引ビッグデータを意味のあるグルーピング化するためには，事前にフォーマッティング処理が必要です[*8]。

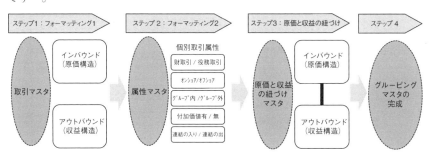

[*8]　佐久間優［2016］『M&A交渉人養成プログラム』中央経済社，pp.40-46

無形資産の資産計上基準のハードル

これまで述べてきたのは新しい付加価値源泉として無形資産を認識する「べき論」でした。無形資産を資産計上するという会計基準があるのはソフトウェア会計基準ですが，無形固定資産としての計上になります。それ以外の無形資産については，実際の会計基準では取得形態によって認識がなされます。

例えば，研究開発費は日本会計基準では，費用として一括処理されます。それに対して，国際会計基準（IAS）では，研究における支出は費用であるが，開発から生じた無形資産は，「企業が要件を立証できる場合」には無形資産を認識できるとしています。しかし，正面突破するには高いハードルがあります。

> 無形資産計上の2つの構造的問題点

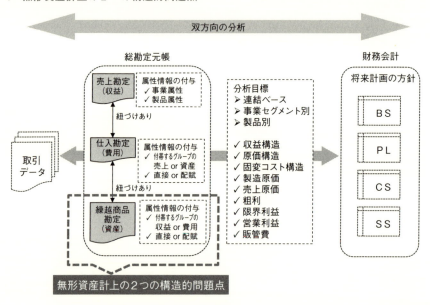

無形資産計上の2つの構造的問題

① コトモノ財が売上原価に算入できない

　コトモノ財の仕入れは，発注が確定されてから計上するため，繰越商品勘定に馴染まない性質があります。したがって，従来型の売上原価＝期末商品棚卸高＋当期商品仕入高－期末商品棚卸高の概念を用いることができません。

② BPaaSを付加価値源泉とすることができない

　XaaSの中でも，ハードウェアの実体化（IaaS），ソフトウェアの実体化（SaaS）は，既存の会計基準で無形固定資産として資産化，費用化が可能な解釈ができます。しかし，オペレーションの実体化（BPaaS）は，現状の会計基準では無形資産化のハードルは高いという構造的問題があります。

2つの構造的問題を解決するためのチャレンジ

　財務会計において付加価値売上を導入し，無形資産やコトモノ財などの属性を付与することにより，最終的な財務諸表には現れなくても，事業別，商品別，資産別の様々な分析を行うことにチャレンジしましょう。

➢ 無形資産計上の構造的問題点の解決策

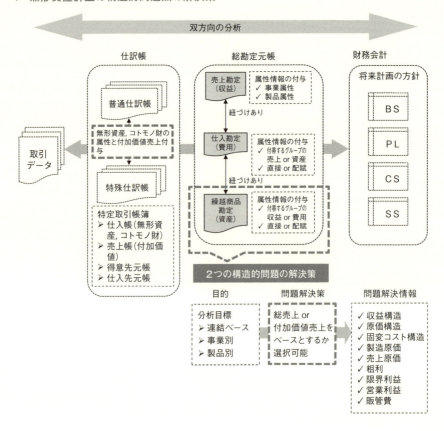

Column

2008年にGNP算入が認められた研究開発費

　無形資産の中でも資本財としての研究が多くなされてきたのが研究開発費でした。付加価値創出との相関性を証明する長い研究の末，GNP計算に関する最新の国際基準（2008SNS）において，資本財として含まれるにいたりました。

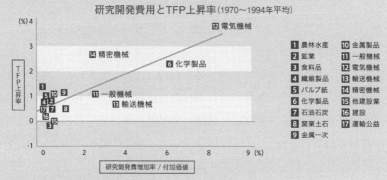

出典：科学技術振興調整費委託調査（三菱総合研究所）

■企業が無形資産を認識するために立証しなければならない要件
① 使用または売却できるように無形資産を完成させることの，技術上の実行可能性
② 無形資産を完成させ，さらにそれを使用または売却するという企業の意図
③ 無形資産を使用または売却できる能力
④ 無形資産が蓋然性の高い将来の経済的便益を創出する方法
　１．無形資産による産出物の市場の存在
　２．無形資産それ自体の市場の存在
　３．無形資産を内部で使用する予定である場合には，無形資産の有用性
⑤ 無形資産の開発を完成させ，さらにそれを使用または売却するために必要となる，適切な技術上，財務上およびその他の資源の利用可能性
⑥ 開発期間中の無形資産に起因する支出を，信頼性をもって測定できる能力

無形固定資産であるソフトウェア会計基準は適用できないか？

　XaaSの中でもハードウェア（IaaS），ソフトウェア（SaaS）は，既存のソフトウェア会計基準によって資産化が可能です。従来のソフトウェア会計は，製品マスターという実体の制作，それをユーザーがCD-ROMなどの実体に複写することを前提にしたものでした。

　しかし，クラウド成熟の結果，誕生したXaaSは，サービスプロバイダーとユーザーが使用許諾契約を締結し，役務提供期間において定額課金もしくは従量課金がなされる取引形態をとります。ネットワークの高速化によって，製品マスターや複写という前提条件が古くなってしまったのです。

　既存のソフトウェア会計で処理するならば，この「使用許諾契約」の解釈を，研究開発費等に係る会計基準四3における「自社利用ソフトウェアに係る会計処理」の「ソフトウェアを用いて外部へ業務処理等のサービスを提供する契約等が締結されている場合」に該当するとして，「自社利用のソフトウェアの資産計上の要件」に従って会計処理することができます。この解釈は，使用許諾契約ベースのIaaS, SaaS, PaaSには適用できます。

　問題は，オペレーション機能を実体化したBPaaSについては，そもそも「戦略的なオペレーション（機能）を実体化させ，そのノウハウを資産化させる」という概念が既存のソフトウェア会計には存在せず，あくまでオペレーションとは保守運用を示し，その対価はリテイナーフィーに含まれるという解釈しかされません。

実体化されたもの	プロバイダー	ユーザー	会計的解釈
ハードウェア（IaaS）	○	×	◆ 科目は「固定資産」
ソフトウェア（SaaS）	○ （資産化し減価償却できる）	△ （ライセンスの所有権に依拠）	◆ 科目は「ソフトウェア」 ◆ ユーザーは「所有」ではなく「利用」なので，費用化が基本。
オペレーション機能 （BPaaS）	×	×	◆ 保守運用はプロバイダーが行うのが一般的であり，リテイナーフィーに含まれるという解釈。 ◆ オペレーションの資産化という概念はない。

▶ポイント

- プロバイダーは，オペレーター派遣の業務委託費による回収のみ。無形資産計上の環境整備が必要。
- 新概念②「価値移転」とは，プロバイダーとユーザー間の認識によって決定されるゲーム的性質を持つ。

BPaaSの付加価値源泉化に向けたチャレンジ

デジタルオペレーション機能の付加価値源泉化を，既存の会計基準で解釈するのはチャレンジですが，「SNS上のコトモノ財」と同様に，財取引と役務取引の「中間的性質」を持つ取引の出現に着目し論拠付けます。

例えば，「ノウハウの高い生産受託先と生産委託先間の財取引（業務委託契約，委任契約など）」や「専門的かつ戦略性を有する間接機能集約先と集約元間の役務取引」などは，戦略機能を源泉とする付加価値創出の認識，付加価値の配分性といった解釈の余地を生み出しました[*9]。

[*9] 佐久間優［2016］『M&A交渉人養成プログラム』中央経済社，p.32

統括機能，金融機能などの戦略性の高い役務は，付加価値創造を主張でき，またそのように認識される可能性が生まれた

出典：『M&A交渉人養成プログラム』中央経済社, p.32

　このような新しい役務取引の収益認識について，国際会計基準や国際税務基準の統一的な見解がないことは，企業が独自に自社の付加価値取引として解釈できる余地を生み，「付加価値移転元と付加価値移転先との間での配分」についてゲーム的状況が発生しました。「付加価値」という概念が，利益移転の抗弁論拠として着目されるようになった理由です。

　「戦略的なオペレーション（BPaaS）を実体化させ，資産化させる」というこれまでなかった発想が生まれた今日，このデジタル革命時代のビジネスモデルの変化に応じて，会計基準を整備する必要性があります。

▶チャレンジすべきこと
- デジタル革新技術に関するハードウェア，ソフトウェア，オペレーションの「経済的・機能的な一体不可分性」について論拠付けし，取引内容と実態に応じた資産化，費用化のグルーピング処理を行う。
- 社内の財務会計で先行して付加価値売上や付加価値取引を導入すれば，無形資産を付加価値源泉とした「取引の見える化」を促すことができる。デジタル革新技術に関するハードウェア，ソフトウェア，オペレーションの分離と所有権（＝資産化の可能性）についての会計的解釈を整備する。
- 付加価値売上導入によって，無形資産に関する2つの問題，①コトモノ財が売上原価に参入できないこと，②BPaaSを付加価値源泉とすることができないこと，の問題解決にチャレンジする。特に，②BPaaSの付加価

値性の論拠として，アナログ型派遣ビジネスの業界平均マージンとの乖離をもって，その高度な専門性を無形の付加価値源泉の論拠とする。

> BPaaS の付加価値性の論拠

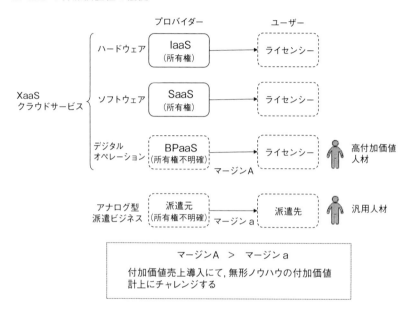

Case Study 6

管理会計の AI コグニティブ化の限界

主要な AI エンジンの画像処理コスト平均単価（1画像当たり）と，大手クラウド会計の平均単価（仕訳当たり）を示します。

```
┌─────────────────────────┐   ┌─────────────────────────┐
│ 人工知能エンジンコスト平均 │   │ クラウド会計コスト平均   │
│ ✓ IBMワトソン           │   │ ✓ freee                │
│ ✓ Google テンサーフロー │   │ ✓ MFクラウド           │
│ ✓ Salesforce アインシュタイン│ │ ✓ ストリームド         │
└─────────────────────────┘   └─────────────────────────┘
        0.02円/1shot                  20円/1仕分け
```

〈グループディスカッションの課題〉

　OCRによるタクシー領収書の自動読み取りの精度は100％であることがわかっています。

① 差額の19.98円は，何に係るコストと考えられるでしょうか？
② AIで自動仕訳を行うにあたって，AIが行うのは諸口で受けるに留まります。その理由はなぜでしょうか？

```
┌──────────┐     ┌──────────┐     ┌──────────┐
│  X会社    │     │  Y会社    │     │  Z会社    │
│タクシー領収書│   │タクシー領収書│   │タクシー領収書│
└──────────┘     └──────────┘     └──────────┘
 交通費 ／ 諸口    交通費 ／ 諸口    交通費 ／ 諸口
```

③ AIコグニティブ化に必要なユースケースを図解し，管理会計に応じた仕訳を機械学習できるか，考察してください。
④ もし，下記のような4パターンのAIコグニティブがなされるとき，それぞれが意味する管理会計規定を考察してください。

```
┌────────┐   ┌────────┐   ┌────────┐   ┌────────┐
│   ○    │   │   □    │   │   ×    │   │  △ A B │
│タクシー  │   │タクシー  │   │タクシー  │   │タクシー  │
│領収書   │   │領収書   │   │領収書   │   │領収書   │
└────────┘   └────────┘   └────────┘   └────────┘
 交通費／諸口   交通費／諸口   交通費／諸口   交通費 ／ 諸口
 諸口／製造原価 諸口／売上原価 諸口／販管費   諸口／A事業部原価
                                            B事業部原価
```

Lecture 22

成功戦略②：付加価値売上（VAS：Value Added Sales）の導入

1 付加価値利益を導入する

Lecture 19 に詳述したように，クラウドにおける XaaS のような取引形態は，現在の会計基準（IFRS, J-GAAP）においては想定しておらず，明確な会計手法がないため，解釈の余地が生まれます。

XaaS とした取り込んだハードウェア，ソフトウェア，オペレーションの所有権は，無形資産の帰属性だけでなく売上計上の帰属性にまで及びます。したがって，自施設におけるハードウェア，ソフトウェア，オペレーションが「経済的，機能的に一体不可分性」であることを説明する必要があります。

そのためには，
① 無形資産を資産計上する根拠
② 無形資産を源泉とする取引から発生した収益の認識時期
について合理的に説明する必要があり，財務管理会計上の論理構築が必要となります。

ここで，付加価値売上（VAS：Value Added Sales）と非付加価値売上（Non-VAS）の導入を解決策として提唱します。付加価値売上という概念は，利益移転，価値移転といった無形の付加価値問題に，問題解決の担保となる論理性を提供してくれます。

2 製造業で先行して取り入れている付加価値売上

　付加価値売上で先行したのは，自動車業界のような開発製造と単純組立という非付加価値取引と付加価値取引が混在する業界でした。非付加価値売上の典型的な例は，本社の指示により購入しなければならない精密機器や電子部品などの指定支給部材取引です。地域施設や事業体は価格決定権を持たず，本社に属する購買機能部門が取り交わした契約上にて販売価格が決まるため，自らの努力で原価構造を改善できない性質があります*10。

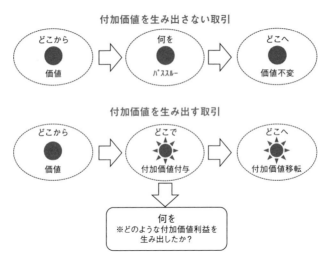

出典：『M&A 交渉人養成プログラム』中央経済社，p.25を一部修正

＊10　佐久間優［2016］『M&A 交渉人養成プログラム』中央経済社，p.25

自動車産業では国際取引の利益移転論拠として先行導入された

利益移転元国（Y 国）の当局に対して，移転価格やアームスレングスルール以上の利益マージンを抗弁するために用いられる概念，それが付加価値取引です。パススルー型取引では，移転価格やアームスレングスルール以上の取引マージンを主張することが，Y 国では難しくなります。このとき，A＞a のように利益マージンのより高い取引を行うことを Y 国に対して抗弁するために，「付加価値取引」の概念が用いられます[*11]。

> 付加価値創出の構造

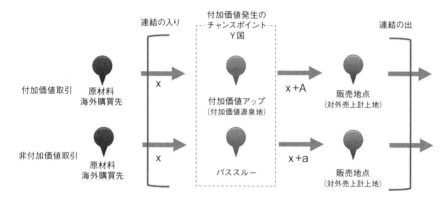

出典：『M&A 交渉人養成プログラム』中央経済社，p.47

このように地域施設における付加価値創出は，利益移転元国もしくは利益移転先国の税務当局と企業との相対での交渉事になります。別の視点では，サービス提供にどのような付加価値をつけたのかをきちんと抗弁できれば税務当局に抗弁できるということです。

[*11] 佐久間優［2016］『M&A 交渉人養成プログラム』中央経済社，p.47

Lecture 22 成功戦略②：付加価値売上（VAS：Value Added Sales）の導入

Case Study 7

付加価値売上導入の意義

　財取引が行われると，付帯する機能による役務費用が発生します。営業費用に計上される役務費用には，直接営業費と間接営業費があります。
　✓ 直接営業費は，特定の事業に賦課される費用
　✓ 間接営業費は，共通費用として複数事業に賦課される費用

〈課題〉
　付加価値売上と非付加価値売上に分けることがどのような意義を持つのでしょうか？具体的な数値でシミュレーションして考察してください。

ある企業の3～5年平均値による原価構造と収益構造

総売上高		100.0%
	原材料費	60.0%
	直接営業費	15.0%
	間接営業費	20.0%
営業利益		5.0%

付加価値売上		50.0%
	原材料費	60.0%
	直接営業費	15.0%
	間接営業費	20.0%
	付加価値営業利益	5.0%

非付加価値売上		50.0%
	売上原価	95.0%
	非付加価値営業利益	5.0%
	合算営業利益	5.0%

① もし，付加価値売上55％，非付加価値売上45％に変化させると，付加価値営業利益と非付加価値営業利益はどのように変化するでしょうか？ 原価構造はそのままとし，現在の製品ミックスの値を，付加価値売上：非付加価値売上＝50％：50％の基準値とします。

付加価値売上	55.0%	↑5％
原材料費	60.0%	
直接営業費	15.0%	
間接営業費	20.0%	
付加価値営業利益	?	
非付加価値売上	45.0%	↓△5％
売上原価	95.0%	
非付加価値営業利益	?	
合算営業利益	?	

② 付加価値売上割合：非付加価値売上割合＝50％：50％を維持したまま，原価構造を変えてみます。材料費を△1％としたとき，付加価値営業利益と非付加価値営業利益はどのように変化するでしょうか？

	原価低減前	原価低減後	
付加価値売上	50.0%	50.0%	→不変
原材料費	60.0%	59.0%	↓△1％
直接営業費	15.0%	15.0%	
間接営業費	20.0%	20.0%	
付加価値営業利益	5.0%	?	
非付加価値売上	50.0%	50.0%	→不変
売上原価	95.0%	95.0%	
非付加価値営業利益	5.0%	?	
合算営業利益	5.0%	?	

③ 同様に，直接営業費，間接営業費も△1％とすると，付加価値営業利益と非付加価値営業利益はどのように変化するでしょうか？

	原価低減前	原価低減後	
付加価値売上	50.0%	50.0%	→不変
原材料費	60.0%	59.0%	↓△1%
直接営業費	15.0%	14.0%	↓△1%
間接営業費	20.0%	19.0%	↓△1%
付加価値営業利益	5.0%	?	

	原価低減前	原価低減後	
非付加価値売上	50.0%	50.0%	→不変
売上原価	95.0%	95.0%	
非付加価値営業利益	5.0%	?	
合算営業利益	5.0%	?	

④ 付加価値取引の割合を増やしながら原価改善を行います。付加価値取引55%，費用を△3％とすると付加価値営業利益と非付加価値営業利益はどのように変化するでしょうか？

	原価低減前	原価低減後	
付加価値売上	50.0%	55.0%	↑5%
原材料費	60.0%	59.0%	↓△1%
直接営業費	15.0%	14.0%	↓△1%
間接営業費	20.0%	19.0%	↓△1%
付加価値営業利益	5.0%	?	

	原価低減前	原価低減後	
非付加価値売上	50.0%	45.0%	↓△5%
売上原価	95.0%	95.0%	
非付加価値営業利益	5.0%	?	
合算営業利益	5.0%	?	

⑤ 以上の結果から，付加価値売上を導入する意義を考察してください[12]。

---

[12] 佐久間優［2016］『M&A交渉人養成プログラム』中央経済社，pp.48〜52

サービス業の付加価値売上が原価構造に影響する仕組み

下記は，財務会計に付加価値売上を導入した宿泊業の収益構造のイメージです。原価構造が付加価値と非付加価値ベースで紐づけられているため，付加価値ベースの経営分析ができるようになります。

		XX 年	
売上合計		A	A=a+b
付加価値売上		a	
	付加価値商品売上高		
	付加価値サービス売上高		
	XaaS ロイヤリティ		
非付加価値売上		b	
	非付加価値商品売上高		
	非付加価値サービス売上高		
変動費		B	B=c+d+e
商品仕入高		c	
	付加価値商品仕入高		
	非付加価値商品仕入高		
サービス原価		d	
	付加価値サービス原価		
	非付加価値サービス原価		
	その他	e	
限界利益		C	C=A−B
固定費		D	D=f+g+h+i
	人件費	f	
	付加価値源泉の人件費		
	非付加価値源泉の人件費		
	減価償却費	g	
	付加価値源泉減価の償却費		
	非付加価値源泉減価の償却費		

無形償却費 付加価値源泉の無形償却費 非付加価値源泉の無形償却費	h	
その他	i	
営業利益	E	E=C－D

付加価値売上の意義は,「売上の所有権」を表象する科目

　PLとBSはつながっているために,もしBSで無形資産を財務会計上の概念として計上するならば,PLにもその相対勘定がないと整合性がとれなくなります。

　つまり,付加価値売上の導入の意義は,交渉ゲームで勝ち取った,もしくは主張している「売上の所有権」を表象する科目として機能することです。

➢ 付加価値売上導入による付加価値源泉の帰属性の明確化

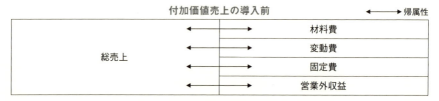

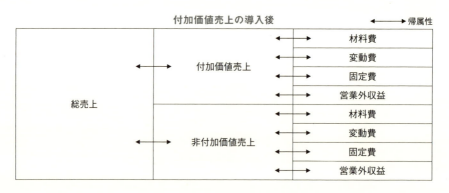

XaaS というコトモノ財付加価値とそのオペレーション付加価値は，プロバイダーとユーザーサイド間の価値移転という交渉ゲーム的状況におかれます。

　もし，交渉ゲームで XaaS という無形の付加価値源泉を勝ち取っても，付加価値売上を導入していなければ，その売上の所有権を表象する手段がありません。さらに，付加価値売上に付帯するサービス（役務取引）の属性も紐づけできません。内製化サービス or 外注 XaaS サービス，付加価値源泉の所有権，サービスノウハウの所有権などの取引属性を紐づけする PL 科目がないからです。

　その結果，総売上をベースとして，実体と乖離した経営分析がなされることになります。

> XaaS の売上とコストの所有権の関係

交渉ゲームの結果	XaaS の売上処理
もし付加価値売上ならば	売上の所有権は交渉勝者にあり，付加価値売上に算入（従来型の変動＆固定費用から控除される）
もし非付加価値売上ならば	従来通りの売上げと原価構造を継続

　交渉勝者は，無形資産と付加価値売上を計上します。従来型の売上ベースでは単純コストとされていた原価科目が，付加価値売上を導入すると，次の図表中の①の流れにて付加価値売上に計上されているのがわかります。

　次に，②の流れにて付加価値売上と紐づけされた XaaS 外注化コスト（変動費）や内製化コスト（固定費）として，原価構造に反映されます。非付加価値売上ならば，単純コストであった科目が付加価値売上に含められることにより，付加価値利益に紐づいた原価構造に変化します。

　また，付加価値売上，非付加価値売上と取引レベルで紐づけすることにより，無形資産を源泉とする取引から発生した収益の認識時期と場所が明確化され，利益移転について抗弁が可能になります。

> 付加価値売上の原価構造への影響の流れ

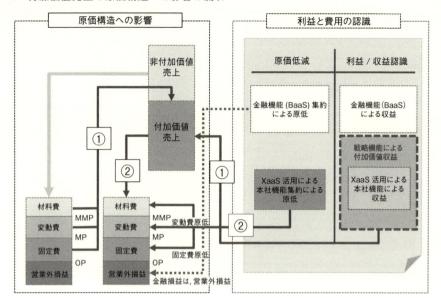

付加価値売上導入の連結処理への影響

　本社／支店会計に見られるように，全社 BS と事業 BS は未実現利益相殺，債権債務相殺，資本相殺の連携によって，二重計上を排除します。

　ただし，付加価値売上導入における影響，
① 付加価値売上導入前後の売上高，原価構造が異なること
② 連結相殺において，付加価値売上科目と非付加価値売上科目でそれぞれ相殺する必要があること

を考慮する必要があります。付加価値売上に対応する付加価値材料費を分離させて相殺します。特に内部売掛金，内部未収金の付加価値性判断は，事業別分割 BS における事業別 KPI 評価に影響しますので注意が必要です。

> 本社 BS と事業 BS との科目相殺

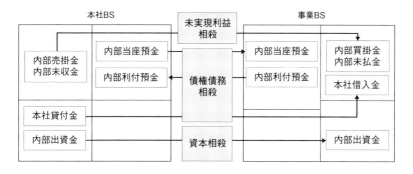

製造原価から付加価値売上(VAS)を導入するメリット

VAS を導入する優位性は、管理会計の初期での設計コンセプトに影響を及ぼすことができるため、販売フェーズより製造フェーズで導入するほうが2つの点にて優位的と考えられます。

> VAS 導入時期の優位性

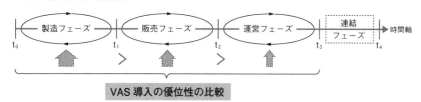

優位性①：製造フェーズの勘定科目に，「個別勘定 ID 割当」もしくは「属性付与」による個別取引の属性付与柔軟性に対応できる。

➢ VAS 属性のアノテーション手法のメリット，デメリット

製造フェーズ 勘定科目	販売フェーズ 勘定科目
101：付加価値売上 102：付加価値仕入	201：付加価値売上 202：付加価値仕入

フェーズごとに科目勘定 ID を定め，科目を細分化する

メリット：VAS ベースの取引抽出
デメリット：科目の細分化

製造フェーズ 勘定科目	販売フェーズ 勘定科目
共通科目： 11：売上 12：仕入 属性因子： 付加価値 / 非付加価値	

フェーズごとに大きな科目勘定 ID を定め，付加価値などの属性を付与する

メリット：科目の極小化
デメリット：VAS 属性付与が困難

優位性②：製品ベースの主たる取引の抽出は「主たる取引ルートの見える化」，PE ベースの主たる取引の抽出は「主たる取引ルートのベクトル化」に対応できる。

Lecture 17 での「取引単位利益分割法」を満たす論理構成にて，移転価格ガイドラインを満たすことができます。

Lecture 23

成功戦略③：
KPI_4による原価構造と収益構造のコントロール

1 原価構造と収益構造

　原価構造は，本来の生業とする営業に欠かすことができない直接，間接に投じられた営業費用の構造です。

　製造業では，生産に欠かすことのできない原材料などは明確ですが，サービス業ではそれに付帯する役務取引（非付加価値役務）やコトモノ財取引（付加価値役務）の解釈の余地が生じます。

　直接賦課が明確な原材料費，直接労務費，直接経費などを「狭義の原価構造」と呼びます。それに対して，収益構造は生業とする事業からの投資回収の効率性評価を主眼としています。原価構造に「合理的な利鞘（マージン）」を加算したものが収益構造であるため，間接費用や共通設備の賦課がなされます。これを「広義の原価構造」と呼びます[13]。

　原価構造は，企画原価，投資計画，原価低減活動のベースラインとなるものです。収益構造以上の投資や投資回収が行われても，収益は上がりません。

---

[13] 佐久間優 『M&A交渉人養成プログラム』中央経済社, p.65

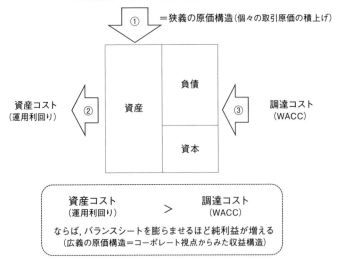

出典:『M&A交渉人養成プログラム』中央経済社, p.65

① 原価構造の目標設定（＝直接費用による狭義の原価構造）
② 資産コストの最低の設定
③ 資金調達コストの最低ラインの設定

の手順を踏んで，取引ベースの原価構造が企業の収益構造を形成します（広義の原価構造）。

付加価値売上導入の効果は，「どの地域，どの製品，どの事業による売上か？」と「どのようなサービス（役務取引）が付帯しているか？」の紐づけを明確化することでした。事業ごとの収益力源泉を把握することは，投資戦略と密接に関連します。

企業としては，付加価値源泉となる事業，地域，製品に投資を行うことが投資回収の確度を高めることになります。次に，目標とするべき経営評価指標（KPI）について考察します。

付加価値売上ベースの経営評価指標（KPI）の選択

評価対象とする施設，地域，事業の付加価値性によって，KPIは異なります。2つのカテゴリーに分けられます。

◆マージン経営：マージン型，ストック系，アウトプット系KPI
　　資本力の高い大手ホテルチェーンや高級老舗旅館など，付加価値性の高い施設は，新規投資を行ってもプラスのFCF（Free Cash Flow）を生み出すことができるのでマージン経営です。そのため，マージン（収益率）系，ストック（資本効率）系，アウトプット（期末評価）系KPIが適しています。

◆キャッシュフロー経営：スポット系，フロー系，インプット系KPI
　　中小施設や民泊スタートアップの場合，自己資金では運転資金と新規投資を賄えず，営業利益率を上げることができないので，運転資本の効率（回転）を速めるキャッシュフロー経営として特徴づけます。そのため，スポット（ある時点の絶対量）系，フロー（循環性）系，インプット（期中評価）系KPIが適しています。

地域施設の特徴づけ：キャッシュフロー重視とマージン重視の運営方針

非付加価値性の汎用化した施設はキャッシュフロー効率性を目指した経営を目指します。競争力のある施設はマージン重視の経営を目標とします。

コモディティー事業については，継続的な原価低減活動，販売価格の値引き圧力が拮抗する形で限界利益を下げます。それを補うために販売数を増やそうとしますが，現実には困難です。固定費を削減せざるを得なくなります。苦労をして原価低減活動を行った挙句，商品の競争力を落とすことになり，利益の出ない自転車操業に陥ります。

キャッシュフロー経営とは，コモディティー事業を基幹事業とする場合，キャッシュフローの回転を速くすることによって，高い収益性を確保しようとする経営戦略です。売上債権の回収をできるだけ早くし，買掛債務の支払いをできるだけ遅くすることによって，運転資金を極小化することができます。

売掛債権の回収ができない場合，デフォルト（＝債務不履行）になってしまいますので，売掛金や買掛金を買い取ってもらう第三者的金融機関の存在が不可欠になります。

キャッシュフロー経営に対してマージン経営は，新規性の高い事業では競争力の高い製品や付加価値の高いサービスであるなどの特徴を持ちます。したがって，長期間の開発と販売期間でも投資回収できるようなマージン設定を行うことができます。

複数事業や商品を扱う地域施設では，キャッシュフロー経営とマージン経営が混合します。多様な商品ミックスや上流から下流へのビジネスフローのなかで，キャッシュフロー型とマージン型をPEの特徴で分類することが重要です。

インプット型KPIが戦略的である理由

インプット型KPIは，期中にコントロールできる指標です。しかし，それ以外のKPIは「期末に算定する」ので，期中にコントロールできないアウトプット型KPIです。

インプット型KPIは，コトモノ財のリアルタイムの発現状況を捉えて，複数のコトモノ財から付加価値商品化するべきコト情報を最も効率よく付加価値化に導く戦略的KPIと言えます。

デジタルオペレーションでは施策の即時性と適応性が求められます。したがって，オペレーション能力の改善に焦点を絞ったサービス生産性向上型のKPIを定め，デジタル価値連鎖によって収益循環が発生したのを確認してから，従来型のスポット値，マージン値によるKPIを定めるのが合理的です。

インプット型KPIであるKPI_4という価値移転指標が戦略的である理由です。

> 地域施設のターゲット KPI

地域施設の特徴	ターゲット KPI	地域施設に求められる運営方針 (徹底したチェック項目)
マージン経営組織	①従来型 KPI：製造，原価，購買，販売，開発，固定費 ②デジタル革命時代の新 KPI： ・固定資産付加価値創出率 ・無形資産化率	✓販売計画の予実管理 ✓商品開発の集中と選択 ✓原価管理 ✓購買管理 ✓設備稼働率管理 ✓外注管理
キャッシュフロー経営組織	①従来型 KPI：債権，販売，商品，拡売費，IT，金融費用，買掛金支払サイトの延長，売掛金回収サイトの短縮，在庫回転数短縮，債権流動化，ファクタリング ②デジタル革命時代の新戦略的 KPI： ・XaaS 化率 ・価値移転率　　インプット型 KPI ・デジタル労働化率	✓販売計画の未達度（期中） ✓在庫計画のぶれ（期中） ✓インプット型 KPI の期中管理

2　XaaS ユーザーに徹する

もしあなたが，デジタルテクノサービスのユーザーサイドなら，すなわち XaaS プロバイダーサイドでなければ，XaaS ユーザーに徹することが有効です。

「固定資産の売り，無形資産の買い」でキャッシュフローの循環性を狙う

自前主義の ICT ハードウェアに対する固定資産投資を減らし，無形資産たる XaaS プロバイダーとのライセンス契約を行います。この場合，会計的にはライセンス契約は営業費用に含まれますので，営業利益因子として付加価値定義式に現れます。

例えば，観光 IoT ユーザーなら，最も効率的なのは民泊プラットフォーマーを最大限利用することです。これまでグレーゾーンとされていた民泊ですが，

2018年施行の民泊新法によって法的環境の整備が加速しています。しかし，180日の営業日制限や上乗せ条例によって地域ごとに規制がかかるため，旅行業を取得しているホテルや旅館が法的環境で優位にあることに変わりありません。

3　KPI_4 価値移転パラメーターにレバレッジをかける

XaaS の内製化と外注化をリアルタイムで実践するために，インプット型 KPI を活用します。ユーザーサイドが XaaS の選択権を持ち，KPI_4 をレバレッジすることによって，実需創出のデジタル価値連鎖のスタートスイッチになりうるからです。

下記の状態は，KPI_4 が最大限レバレッジしている状態を示しています。

➢ KPI_4 が最大限レバレッジされた状態（＝全ての XaaS が社外にある）

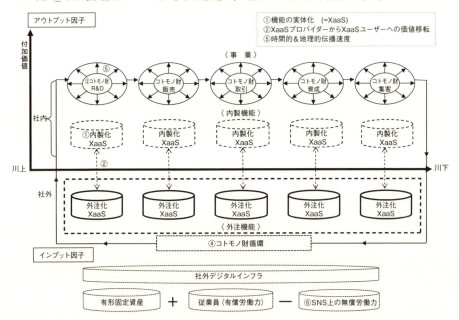

下記の状態は，機能の外注化と内製化のバランスがとれている状態を示しています。KPI_4は，デジタル価値連鎖の循環スピードの調整弁としての性質を持ちます。

> KPI_4が内製化と外注化をバランスさせた状態（＝XaaSの3つを外注，2つを内製化）

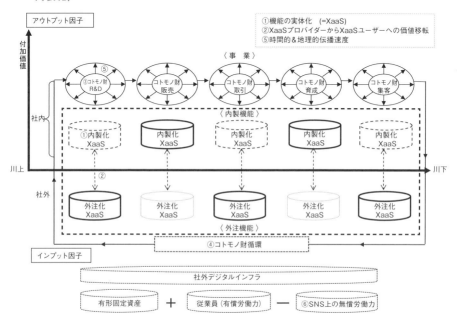

Case Study 8

宿泊施設が付加価値売上を導入したら？

　あなたは，老舗温泉旅館の再生を手がけるコンサルタントです。収益構造を改善するために，ライバルである大手チェーンホテルより粗利率を高めると，市場競争力を失う，仕入先からの値下げ圧力がかかる，ことを熟知しています。

　したがって，あなたは，宿泊，食事，物販など事業に付帯する「高付加価値おもてなしサービス」と付加価値売上の導入を提案しようと考えています。

　はじめに，顧客に対する高付加価値おもてなしサービスのアイディアをヒアリングしたところ，「異文化体験」「希少体験」「地域限定」「新鮮」「安全」「高品質」などのキーワードが集まりました。

　果たして，粗利率の競争力を維持しながら，営業利益率を高めることは，付加価値利益を導入すると可能でしょうか？

〈グループディスカッション課題〉

　サービス業が付加価値売上を導入したときの，原価構造と収益構造に与える影響の仕組みをステップごとに考えましょう。

① アゴ，アシ，マクラ，コトの財取引には，付帯する役務取引が必ず発生します。従来のサービス業の売上認識では，新鮮，高品質，希少性などを持つ付加価値サービスを行っても，総売上に対する「単純コスト」でしかありませんでした。高付加価値おもてなしのキーワードから1つ選んでください。
② もし，総売上が付加価値売上，非付加価値売上に分解されると，付加価値創出に貢献したサービスを「付加価値役務取引」として，付加価値源泉とすることを提唱することが可能になります。あなたが考えた高付加価値おもてなしの売上を，付加価値売上として定めてください。

③ 総売上ベースでは単純コストであったが，付加価値売上を導入すると，その単純コストが付加価値利益になってゆく仕組みを確認しましょう。①と②で定めた付加価値売上に紐づいている原価を再構築してください。

④ 総売上ベースの粗利率は競争力を保ちながら，付加価値ベースでの営業利益率を高めることができることを証明するために，競合他社の営業利益率の平均に対して，付加価値売上導入のBefore vs Afterを比較してください。

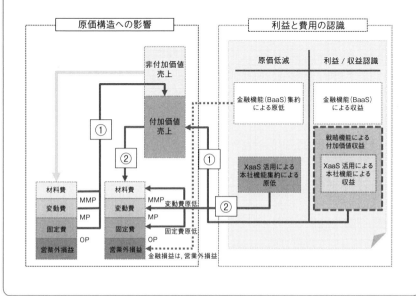

Chapter 5

地域の解決策：
実需と仮想通貨の
バランスド経済圏

Lecture 24

独ミッテルシュタントに学ぶ地域創生モデル

ドイツ経済「独り勝ち」の背景：高いGDPと低い失業率

ドイツは長い間「欧州の病人」でした。しかし、シュレーダー政権では税制改革を断行して内需消費を拡大させ、2013年に誕生したメルケル政権は「インダストリ4.0デジタル革命」によって中間財、最終財の輸出拡大にも成功しました。

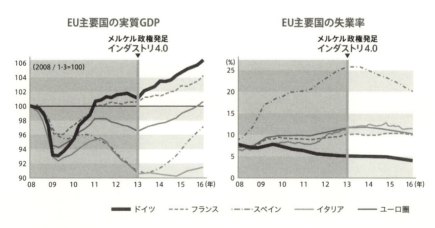

資料：欧州委員会統計局

ドイツの中小企業の生産性，付加価値の源泉

日本は資本労働投入の低迷をTFP寄与度で補うのに対し，米国，ドイツは資本労働投入と同時に高いTFPの寄与度を実現しています。特に，ドイツの付加価値の源泉は中小企業にあることがわかります。

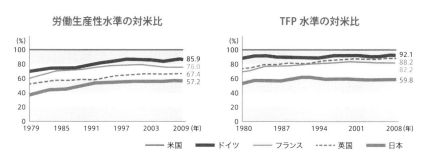

資料：欧州委員会統計局

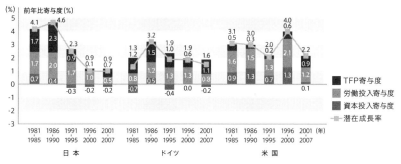

出典：EUKLEMS

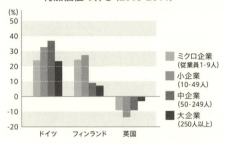

資料：EU KLEMS

ドイツミッテルシュタントとは？

ドイツの中小企業は，経済の屋台骨「ミッテルシュタント（Mittelstand）」と呼ばれています。

出典：岩本晃一［2015］『「独り勝ち」のドイツから日本の「地方・中小企業」への示唆—ドイツ現地調査から—』経済産業研究所

インダストリ4.0で変わる産業クラスターの質

　ミッテルシュタントは，地域ごとに産業クラスターを形成し，疑似的な大企業を形成しています。さらに，インダストリ4.0は，ソフトウェアクラスター経済圏に変貌しつつあります。

　ドイツミッテルシュタントの強さは，
① 地域内循環経済
② 付加価値創出バランス
③ 資本再分配機能

にあります。

　ミッテルシュタント産業クラスターは，付加価値創出，雇用創出について，地域内循環経済を形成します。着目すべき点は，資本財，中間財，完成品の付加価値創出バランスです。

　個人向け最終製品は，車，スポーツ用品，楽器，アウトドア用品にいたるまで洗練されたブランド力を蓄積し，労働者と消費者を定着させる効果を持ちます。最後に資本の再分配が柔軟に行われ，デジタル革命に適合するソフトウェアクラスターへ変化を遂げる柔軟さを持つのが特徴です。

　日本の地域政策は組立工場の誘致が主力であり，「ヒト・資本・知的資本の流出」が課題であることと比較すると，ミッテルシュタントの3つの強さはヒントになるでしょう。

➤ ミッテルシュタントの強さ：3つの理由

▼ミッテルシュタント：地域内循環経済

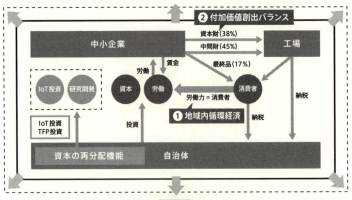

▼ソフトウェアクラスターへ
　発展的進化

出典：みずほ総合研究所（2014年2月27日）「ドイツ経済はなぜ蘇ったか」より筆者作成

> 日本の地域経済の弱さ：組立工場や中間財生産への偏重

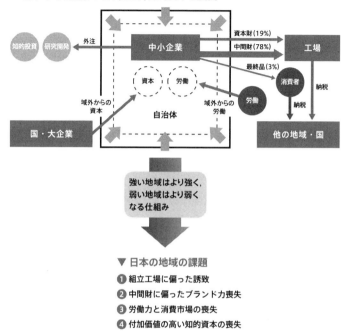

出典：RESAS 地域経済分析システムより筆者作成

欧州発の OSS 化動向

「IoT オープンイノベーション」は，すべてのリソースの OSS 化（オープンソース化）を目指す概念です。

スマートシティ公共化プラットフォームである City Platform as a Service. Integrated and Open（CPaaS.io）は，スマートシティの都市 OS コンセプトです。EU は 3 億ユーロの予算を計上し，5 か年計画の Future Internet Public Private Partner（FIPPP）を，欧州の IT 競争力強化を目的として推進しています。FIPPP においても，OSS プラットフォームをレファレンスしています。

OSSモジュールの集合体「FIWARE」

EUと海外を含めた「IoT＋データ統合基盤＝FIWARE」がOSSにて開発されました。Open Mobile AllianceがOSS標準化を進め，共通インターフェイス（NGSI）を定めています。また，推進，検証を行うための組織FIWARE Labが設置され，企業資金と公共資金のマッチング機能も持ち，プロジェクト推進に用いられています。

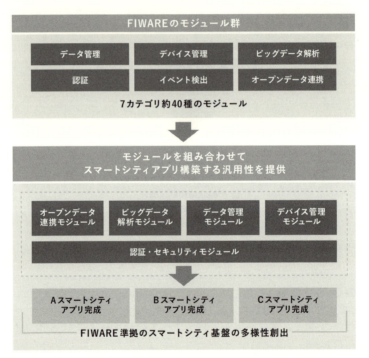

出典：NECホームページ

FIWAREクロスドメインデータ収集機能

FIWAREは多種多様なドメインデータを標準データモデルで統一して，クロスドメインのデータ流通を実現します。

➢ FIWARE クロスドメインデータ収集機能

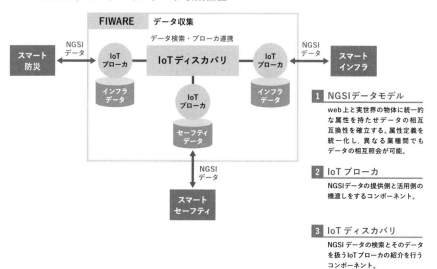

出典：NEC ホームページ

— Case >>> —————————————————————

地域特産品がパーソントリップ2.0化する理由

　日本酒の物流が2.0化している背景には，日本酒がグローバル化し，日本国内での消費量は減少する一方，海外への輸出は急増しているという販売動向があります。

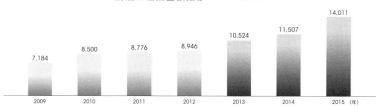

グラフ：清酒の輸出金額推移(出典：財務省貿易統計，国税庁「酒のしおり」)

日本酒のグローバル化による課題
① 品質の維持
② 偽物の防止
③ 多品種少量生産の酒造のブランディング
④ マーケティングのグローバル化

　同じアルコールであるワインは，商社によるマスマーケティングが主流です。日本酒もコモディティ化した商品は商社によるマスマーケティングが適しているでしょう。
　しかし，日本国内の伝統ある酒蔵で製造された日本酒は文化財でもある高付加価値商品です。大吟醸，純米酒，辛口，甘口などの多様性からもマスマーケティングには適さず，海外消費者と酒蔵をＤ２Ｃで結ぶSCM（Supply Chain Management：供給連鎖管理）が必要です。

IoTによる日本酒物流の見える化
　流通システム開発センター，日本IBM，大和コンピューター，凸版印刷，慶應義塾大学は，日本酒の流通経路を可視化し，製品の偽造品対策，品質対策，現地消費者との情報共有の拡充などを目的とした実証実験を行いました。
　実験の内容は，瓶にEPCタグを付け，GS１標準のEPCISという技術を用いて，どの製品が，いつ，どこに，どのような状態で届いたかという物流データをクラウドシステムに収集するものです。

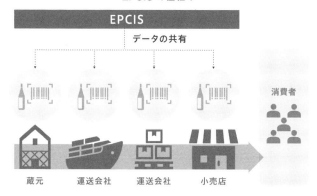

EPCIS の仕組み

① 品質の維持という課題に対しては，日本酒が蔵元から出荷され，タイの日本酒輸入エージェントに届くまでの温度を表示することで，輸送中に温度変化をあまり受けない日本酒の品質を示す事が出来た。

② 偽物の防止という課題に対しては，GS1標準のEPCISという技術で対応可能である。不正製品はサプライチェーンの要所要所において正しくリーダで読まれていないため，製品が移動したといったモノの流れを示すデータがクラウド上のコンピュータ・サーバーに書き込まれていないことから問題製品だと把握が出来る。
また，途中で中身が入れ替えられるという問題に対しては，日本酒のボトルキャップにEPCタグを付け，キャップが開けられるとタグが壊れてしまう仕組みで対応可能である。

③ 多品種少量生産の酒蔵のブランディングとマーケティング方法については，現地消費者と日本酒および酒造メーカーをソーシャル・ネットワークで繋ぎ，SNSで消費者の声を蔵元に伝えるデモを紹介した。
また，EPCタグに印字したQRコードをスマートフォンで読み取る事でWebページから日本酒に関する情報やそれに合う料理などを発信する事が可能となる。

出典：一般財団法人流通システム開発センターホームページ

SAKE マーケットの「IoT + PaaS」モデル

日本酒が SAKE として2.0化するためには，日本の酒蔵と海外消費者を直接結ぶ IoT+PaaS システムに 2 つの要件が必要となります。

① 守りの技術：無線 IoT デバイス，電子タグによる個別識別による品質管理と偽造防止
② 攻めの技術：酒蔵自身が海外顧客を選択しナーチャリングできるD２Cマーケティング

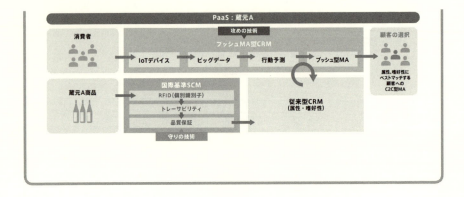

Lecture 25 日本ではなぜICT投資で生産性は向上しないのか？

製造業に対して低迷する非製造業のTFP上昇率

　TFP（全要素生産性）とは，ブランド力，サービスの質，ICT新技術など，資本，労働以外の無形資産の蓄積と捉えるならば，製造業に対して非製造業の蓄積が低い理由は何でしょうか？　日本の製造業と非製造業のTFPについて，様々な比較を通して考察します。

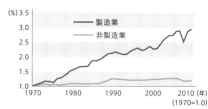

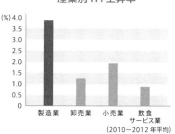

資料：経済産業省

製造業 vs 非製造業：ICT投資，研究開発費，能力開発費

　労働生産性と資本生産性は「負の相関のジレンマ」にありますが，産業別の大企業と中小企業のTFP寄与度をみると，目立った設備投資がないにもかかわらず労働生産性が伸びているのは，TFP寄与度が高いと言えます。一体，TFP上昇を説明する因子は何でしょうか？

卸売業は製造業と同等のICT投資と能力開発費ですが，TFP上昇に寄与できていません。これは，製造業と非製造業の「ICT投資の質」が異なることを示しています。

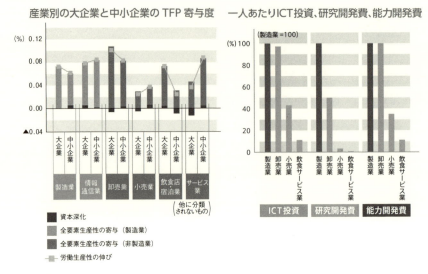

資料：経済産業省

日本企業のICT投資はTFP上昇に寄与しない

ICT資本投入はTFP上昇因子として真っ先に挙げられますが，次のグラフから，その寄与度は非ICT資本投入よりはるかに少ないことがわかります。

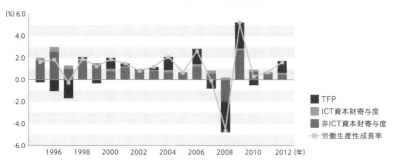

資料：内閣府

日本企業の ICT 投資の TFP 寄与度が低い 3 つの理由

理由①：日本における ICT 投資の長期停滞

日本の過去20年の GDP 成長停滞は，世界的にみても低い ICT 投資という結果を招いたことが挙げられます。

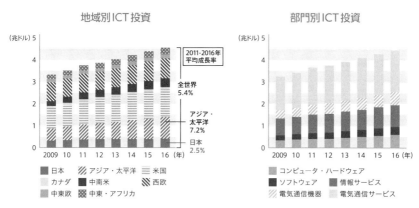

資料：総務省

理由②：「ICT導入産業」のTFP成長低迷

情報通信産業はICT生産産業であり，他の先進国を凌ぐTFP創出を行っています。しかし，ICT導入産業では，ERP導入が加速した1995年頃からTFP成長が鈍化しました。このため，製造業全体で見たとき，ICT生産産業のポジティブ効果よりICT導入産業のネガティブ効果が影響しています。

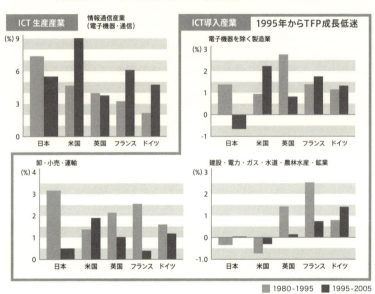

製造業TFP：ICT生産産業とICT導入産業ではTFPは異なる

理由③：非製造業のTFPマイナス成長

日本におけるICT投資の長期にわたる停滞は，ICT投資と一対であるべきICT能力開発の停滞や経常的な業務改善活動の硬直化を引き起こし，特に非製造業でのICTノウハウの蓄積低迷を招いています。また，ICTを使用する「ヒトの質（＝労働の質）」が，製造業に対する非製造業のTFP劣後を生み出しています。

非製造業では，クラウド/ERP 時代以前から ICT リテラシーの蓄積に失敗しており，世界的にもサービス産業では ICT ツールを使いこなせていないことが指摘されています。

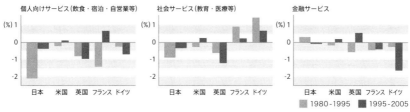

Lecture 26 フィンテック機能による地域内経済圏の創出

実需とマネーサプライの関係

日本銀行は「国家の信用を裏づけに通貨の発行を独占」し，通貨供給（マネーサプライ）を調整し，おおよそマネタリーベースの3～7倍の信用創造を市中銀行が担ってきました。通貨供給が1次産業，2次産業，3次産業に行き渡ることで実需が創出され，バランスの取れた経済発展サイクルが形成されてきました。このため日本銀行は法定通貨供給の監視役でもありました。

日本における現金信仰は，自国通貨「円」への信頼に基づいています。しかし，今日の無数の無国籍仮想通貨が台頭してきたデジタル革命時代において，法定デジタル通貨（＝デジタル円）の発行を検討する段階に来ています。

> コントロールされている実需創出循環バランス

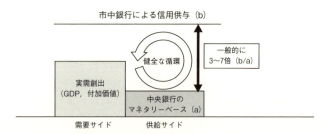

> コントロールされていない実需創出循環バランス

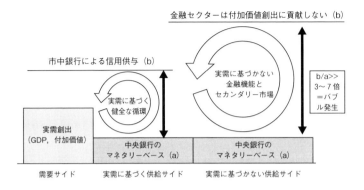

法定通貨が仮想通貨化するリスク

　南米ウルグアイの中央銀行が2017年11月に発行した「eペソ」が，世界初の国家が発行する法定仮想通貨です。スウェーデン中央銀行も2018年度内の「eクローナ」の発行を目指しています。

　中国，英国，オランダ，カナダの中央銀行も法定仮想通貨発行の検討を表明しています。これらの国々は，無国籍仮想通貨との「信用競争」に勝たないと，自国の法定通貨のシェアが低下し，金融政策の効力が限られてしまうリスクにさらされています。

　また，中央銀行が無国籍仮想通貨に対抗しうる支配権を持ったならば，その副作用は自国内経済循環に現れます。実需とバランスのとれた与信リスクを担うべき金融機関の金利決定権が，もはや法定仮想通貨に対して及ばなくなるからです。したがって，「実需の弱い国（GDP，付加価値創出が少ない国）」の通貨は，より実需創出力を持つ無国籍型仮想通貨に代替されていくことが予測されます。

Banking as a Service（BaaS）によって代替される銀行業務

　約12,000社に上るフィンテックスタートアップ企業が，銀行の利益利率の高

いサービスから，奪う現象を「クリームスキミング」と言います。デフォルトリスク予測が容易な消費者向け貸付サービスは，銀行シェア40％がフィンテック企業に移行し，送金，決済，資産管理などICT集約サービスでは35％が移行されます。「ICT集約型サービスのコスト低下」と「銀行残高維持の高コスト」が，銀行サービスのフィンテック企業への移転を促進しています。

BaaSの仕組み

BaaSはAPIコネクションのためのミドルレイヤーになります。銀行はBaaSと自社サービスAPIの接続のみを確立させ，フィンテック企業は，銀行から公開されるAPIをBaaSを活用して連結させます。

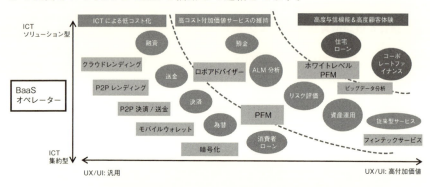

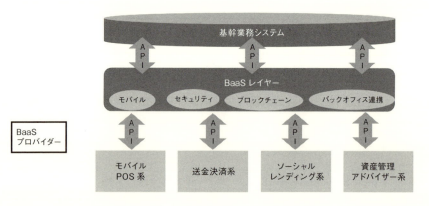

Chapter 5 地域の解決策：実需と仮想通貨のバランスド経済圏

マネーサプライに及ぼす仮想通貨の影響

　ビットコインに代表される無国籍通貨の取引が活発化する一方，世界の通貨に対する信用リスクが認識され始めました。個々で，仮想通貨が貨幣通貨のデフレーションを引き起こすメカニズムを考えてみます。

　貨幣経済において実需に対してのマネーサプライは，中央銀行によるマネタリーベースでコントロールしてきました。無国籍型の仮想通貨の影響は，需要サイドではフィンテックによる生産性向上によって TFP 上昇をもたらす反面，仮想通貨の量的制限がある一定の条件下で「X 国通貨信用力＜＜仮想通貨の信用力」を満たすとき，貨幣経済のデフレーションを引き起こすリスクがあります。

> 貨幣通貨の需給バランス

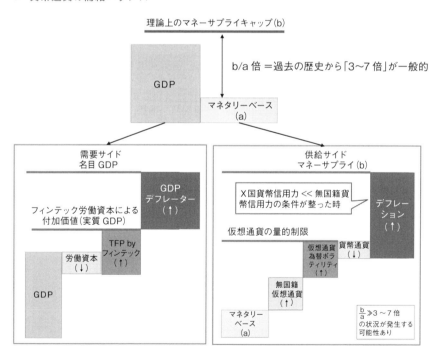

地域内仮想通貨の優位性

　地域内仮想通貨のマネーサプライは，地理的制限は仮想通貨の費消を地域内に留めるため，仮想通貨の為替ボラティリティを一定範囲に固定することができます。そのため，中央銀行による従来型のマネーサプライコントロールと同様の機能が働くと考えられます。地域金融機関がマネーサプライコントロール可能な地理的制限という特性は，地域内仮想通貨の持つ優位性と言えるでしょう。

地域内電子通貨で狙う地域活性化

　位置情報，顧客の属性情報，時間帯によって，オンラインからオフライン（実店舗）へ集客支援を行うO2O集客支援だけでなく，ブロックチェーンによる地域仮想通貨プラットフォームの相乗効果によって，地域内経済圏の創出にもチャレンジできます。

　地域内仮想（電子）通貨の特徴として，
① コインにプレミアムを付けて普及を促し，有効期限を設定して循環性を高めることができる
② 電子通貨の消費に関する属性情報（使用場所，期間，店舗）のコントロールを行える

という点を持ち，これまでにないデジタルな地域振興戦略を提供します。

➢ 地域仮想通貨時代の需給バランス

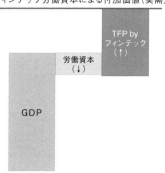
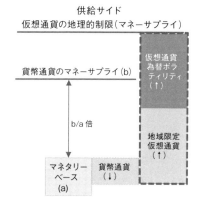

▶ポイント
- BaaS オペレーターの取込みによる，地域内金融機能の付加価値向上を図る
- 無国籍通貨は信用リスクコントロールが必要になるので，地域内仮想通貨が優位的である
- 地域の実需に対して，地域内仮想通貨のマネーサプライをコントロールできる

Column
仮想通貨をめぐる企業，地域経済圏，国の動向

■画像取引に独自の仮想通貨を発行「コダック仮想通貨」

　米イーストマン・コダック社は，独自の仮想通貨「コダックコイン」を発行し，画像関連の権利を管理する台帳としてブロックチェーンを使用することを発表しました（2018年1月9日米国時間）。

　このシステムにより，写真家や代理店が保有する画像データを，その著作権の権利関係を明確にしたうえで，販売できるようになります。

　コトモノ財の取引が信用力のあるブロックチェーン上で実現することにより，デジタル価値連鎖が発生し，実需創出する事例と言えるでしょう。

■メルカリが目指す「仮想通貨経済圏」

　フリーマーケットアプリ大手のメルカリは，2018年度内に仮想通貨決済を導入することを発表しました（2018年1月11日）。

　子会社メルペイが仮想通貨交換業の登録申請を行い，ビットコインなど主要な仮想通貨の取扱いが可能となります。仮想通貨による資産運用や融資というBaaSの提供も検討しています。

　フリマアプリ「メルカリ」は，日本国内6,000万ダウンロード，米・英国を合わせて1億以上のダウンロードがあります。

　単独でのコトモノ財の実需創出力に加えて，仮想通貨決済（BaaS）によるKPI_4レバレッジ効果によって，デジタル価値連鎖による実需創出サイクルを加速させることが予測されます。

■デジタル移民受け入れによる「仮想国民と仮想国家」

　欧州にある人口130万人のエストニアは，海外に住む人に自国民に準じた行政サービスを提供する電子居住者制度を持ち，総143か国，2万7,000人の「仮想国民」を迎え入れています。

　仮想移民のメリットとしては，エストニアはEU加盟国であるため，EUで起業するチャンスを得ることができることです。いまや，電子居住者が起業した会社は4,300社に上ります。

このように，小国エストニアは，デジタルインフラを活用し，投資を呼び込んで新たな経済圏を創出しています。

Chapter 6

国の解決策:
パーソントリップ2.0の社会資本化

Lecture 27 パーソントリップ型プラットフォーマーへの進化の潮流

インダストリ4.0（第四次産業革命）はドイツ発のデジタル革命

インダストリ4.0は，2013年にドイツ政府が推進する製造業の高度化を目指す戦略的プロジェクトとしてスタートし，電子機器，自動車メーカー，IT・通信企業が中心となって，IoT，スマート工場，ビッグデータ，AI，自動運転など革新的技術の開発と，IIC（Industrial Internet Consortium）などによる国際標準化が行われています。

産業横断的な IoT 標準化の動き

モノづくりやサービス産業の産業同士の IoT インターフェイスとなるデバイスには，通信方式やデータ形式など標準規格の統一化が必要です。

グローバル標準化として，Intel，IBM，Cisco Systems，GE，AT&T の5社が中心となったIICがIoT標準化を目指しており，日本企業も参加しています。IoT標準化には，日本においても様々な組織による標準化議論が活性化しています。

国際標準化の取り組み

◆Industrie4.0 platform（ドイツ）

運営委員会（Bosch，Siemens，SAPなど産官学18社），理事会，科学諮問委員会と分野別ワーキンググループによって成り立ち，産業シームレスアーキテクチャの標準化に向けてロードマップを策定している。

◆Industrial Internet Consortium：IIC（米国）

　2014年にGE, AT&T, IBM, Intel, Cisco Systemsの5社により発足し，現在参加150社規模の米国発標準化団体。ドイツIndustrie4.0Platformとの共通参加企業が橋渡しとなり，連携が実現しつつある。

◆メイド・イン・チャイナ2025（中国）

　2015年より中国政府が主導する製造業イノベーションの取組み。情報化と工業化の融合など9の戦略任務と，次世代情報技術，デジタル制御，ロボット，航空・宇宙など10の重点分野について10年ロードマップが示された。

日本の現状：企業クラウド化と産業IoT化が多面的に同時進行

　デジタル革命は産業，企業，消費者において多面的に革新的なデジタルインフラが汎用化されつつあり，多面的かつ同時進行でクラウドデジタルインフラとIoTデバイスの接続と汎用化が進行しています。

クラウドリーダーシップは，ターゲット産業の選択が必要

　Amazonは，IaaS（Infrastructure as a Service），物流，ECの三位一体型で戦略的に構築し，他のクラウドベンダーと差別化を図っています。物流業者，EC業者に対して，POSによる個別認証化からBPR（Business Process Re-engineering：業務改善），連結会計までサービス提供することにより，物流企業に対するIaaS/PaaS型クラウドアプリケーションで強みを発揮します。このような強固なIaaS/PaaSはEC小売業に参入したい，強化したい企業からみて魅力的であるため，物流業界の再編に対してクラウドベンダーが強い主導権を発揮することになります。

クラウド陣営はIoT親和力の高いパーソントリップ産業を狙う

　クラウド陣営への追い風は，各産業でのIoT端末開発の広がりです。Amazonは「AWS（Amazon Web Service）」を，Microsoftは「Microsoft Azure IoT Suite」を展開し，クラウドベースのIoTプラットフォームをいち早く構築して対応し始めました。Device Gateway, Rule Database, Registryサービスは，AWSからのデバイス情報とAWS上のIaaS/PaaSサービスを結びつけることを可能にしました。

　これらのプラットフォームを利用するためには，産業サイドでのIoTインターフェイスの標準化が必要になります。クラウド陣営は，全産業を対象にIoTデバイスを開発することは投資効率が良くありませんので，IoTと親和性のある産業を見極めることが必要になります。

　こうしてクラウド業者は，IoT親和性の高いパーソントリップ産業をターゲットとして主導権争いを加速しています。パーソントリップデータを自社で取得できる携帯会社やナビゲーションアプリでシェアが高い会社，DMPなどのデータプラットフォーム会社は，競争優位にあります。

クラウドベンダーは，"クラウド3強 vs パーソントリップ型クラウド"の構造

　クラウドベンダーはAWSが先行してきました。AWSは毎日30億個ものオブジェクトが新規追加を誇り，高アクセスに耐えうる安価なオンラインストレージサービスを提供しています。

　Microsoft Azureは大企業向けOSを基盤にAPI/SQL/Blumixなどのプラットフォームにより，開発環境における優位性を獲得しています。

　GoogleのGCP（Google Cloud Platform）は，AIエンジンテンサーフローAPIの提供によって，ビッグデータ解析PaaS型アプリケーションにて差別化を図っています。

　クラウドIaaSは，AWS, Azure, GCPの3強が牽引しながら，独立型SIerが追随する構図です。

パーソントリップ型クラウドとは？

　例えば，ピザチェーン店をフランチャイズ展開する本部は，パーソントリップ型クラウドを導入することでフランチャイズ店拡充に経営資源を集中できます。潜在顧客とその位置情報をマッチングする機能が標準装備されているため，顧客ビッグデータを分析して，プッシュ型MAを実現できます。

IoT レイヤーのパーソントリップ新機能

　IoT レイヤーは，インダストリ4.0対応の新機能として，IoT デバイスインターフェイス，ビッグデータ，人工知能による分析，プッシュ型MAを実装します。それらは，位置や嗜好性がベストマッチする顧客を抽出できる「パーソントリップ新機能群」です。

　PaaS レイヤーは，既存の基幹業務システム，SCM システム，CRM システムとデータ連携を図り，クラウド上ERPを実装します。

➢ パーソントリップ型クラウドの基本形

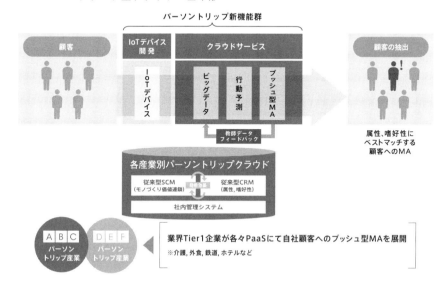

パーソントリップ型クラウドの強みはデータの連携性

データ連携は既存に存在するオンプレミス型のアプリケーションやデータベースとの連動性，機能追加は既存バックオフィス機能，既存財務会計機能，既存 CRM 機能，新規 IoT 機能追加，新規ビッグデータ解析機能，新規 AI 機能，新規プッシュ型 MA 機能を加えます。

> 2 つのレイヤーでのデータ連携

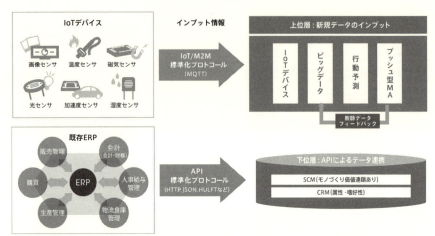

API はパーソントリップ機能の連結器

API 連携によって「強化したいパーソントリップ機能」を付与させ，「過去の遺産システム」を連携させることができます。各アプリケーションメーカーは Web API を公開しています。

また，使用許諾契約を結べば，自社開発した API を使用することもできます。このように API は，膨大なアプリケーションやデータベースにアクセスし，膨大な Web 上の経営資源や過去の遺産システムを自由に PaaS に連結させる連結器の役割を果たします。

他社ビジネスやアプリケーションと自社リソースとの連携を自在に行うために，企業も自社で開発したアプリケーションの API を積極的に公開して，他社とのコラボレーションを推進しています。

> API エコノミーの概念

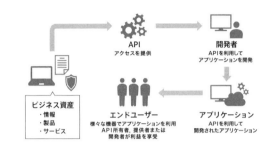

API エコノミーが加速する AI 民主化

　API エコノミーは，AI ベンダーに AI 関連 API の公開を促し，独立ベンダーが主要 AI ベンダーの「AI ユーザー」になる環境が整いました。AI ユーザーは，付加価値性の高い独自開発や機械学習させる必要がなくなります。AI ユーザーの意図は，データ解析の入り口にあたる AI コグニティブ化（認識機能）のシェアを広げることにより，認識後データで広がる XaaS 市場拡大に影響を及ぼすことにあります。

　■ベンダーのコグニティブ系 API サービス
① 画像認識系 API：画像認識は各社高い精度の API を提供。感情・表情認識 API にて差別化．（例：Azure Emotion API）
② 言語認識系 API：翻訳基本機能は，各社提供。感情認識，性格分析API にて差別化（例：Watson Tone Analyzer）
③ 音声認識系 API：音声認識（Speech to Text），音声合成（Text to Speech）は，各社提供。自動対話，話者認証 API にて差別化（例：AWS Lex, Polly）

Column
AIの民主化とは？

「AIの民主化」とは，GoogleのAI部門開発責任者フェイフェイ・リ氏が繰り返し使用しIT共通語となった言葉で，Microsoft CEOサティア・ナデラ氏も同じ言葉を頻繁に使っています。「あらゆる人がAIの恩恵にあずかる」という趣旨です。

また，特定のIT大手企業に個人データを独占させない，人種的差別の排除も包括的に含んだ概念です。

パーソントリップ型プラットフォーマーは，AIコグニティブを強みとするタイプⅠと，データ構造化＆連携を強みとするタイプⅡに分類できます。

タイプⅠ：AIエンジンを強みに台頭するコグニティブ系プラットフォーマー

IBMワトソン，Googleテンサーフロー，Salesforceアインシュタインに代表されるAIエンジンを強みとするプラットフォーマーは，それぞれの特徴的強みを活用したAI系APIの提供を通して，IoT＋PaaS全体へのデータ連携APIを可能な開発環境を提供しています。

例えば，Googleテンサーフローの強みは，画像処理系APIです。1,000枚の画像データを教師データとして「人の顔」と「ネコの顔」を認識するニューロンが形成され，画像の破片から残りの画像を予測することができるようになります。

➢ タイプⅠ：画像認識を得意とする AI エンジン

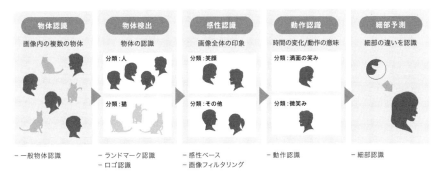

タイプⅡ：DMP ベンダーとして台頭する構造化＋連携系プラットフォーマー

　DMP ベンダーは，そのデータ連携において階層構造とミドルウェア API を提供することが強みです。階層化処理から API 連結を実現するデータ連携型プラットフォーマーです。

➢ タイプⅡ：データ構造化＋連結を特意とするパーソントリップ系プラットフォーマー

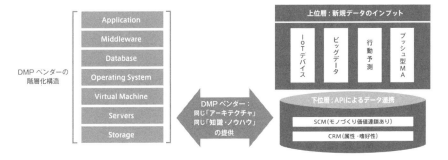

パーソントリップ型クラウドERPの潮流：AIエンジン×DMPリーダーシップ

今後，パーソントリップクラウド型ERPの汎用化ステージにおいて，DMPリーダー主導によるデータ連携が開発のポイントになります。AIエンジン搭載DMPリーダーは，それぞれが得意とする産業を軸にして，クラウドERP市場が創出されてゆくことが予測されます。

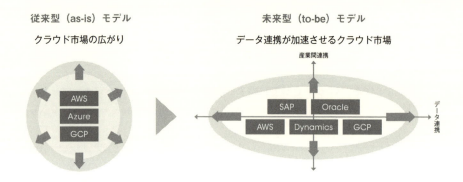

パーソントリップ2.0に進化するクラウドプラットフォーマー

ソフトバンククラウドは，ウーバーやアリババと提携したことにより，パーソントリップ2.0化クラウドプラットフォーマーとしてより特徴のあるサービスの提供が可能になりました。ECS（Elastic Compute Service）を中心とした分散処理型のIaaSを提供し，ストレージサービスには，拡張性，安定性，迅速性，安全性のあるデータ保存，SQLクエリー，抽出＆配信サービスまでもが実装されています。事前投資や長期契約は不要とし，ストレージ容量の使用量への従量課金が基本です。

ここで，「パーソントリップ分析用コンソール」が実装されたのは画期的です。Lecture 03で示したような緯度・経度・高さレイヤーの構造化レイヤーを標準装備させ，レイヤーごとに異なる説明変数を自由に設定できる機能は，柔軟なテレマティクス機能の開発を容易にしました。ビッグデータを高速で処理

し，個人の位置情報をリアルタイムで可視化するツール，オムニチャネルのデータ同期ツール，インテリジェントな画像検索ツール，移動体検索ツールにより，位置情報，画像解析と趣味嗜好データのデータ連携を実現しました。

　ただし，パーソントリップ型クラウドの弱点は，データ連携の複雑さにあります。SaaSへのAPIリクエストは，APIゲートウェイの権限制御によってコントロールされ，各SaaSのインターフェイスを一元管理し，API管理，反復テスト，リリースなどAPIライフサイクルを管理します。また，リアルタイムなオペレーション処理機能も重要です。APIリクエストデータ頻度と容量を制御し，ハイレベルで特定のSaaSとユーザーの権限をコントロールしなくてはなりません。APIリクエストの範囲，抽出データ型，正規ベクトル化の可用性についての検証能力は，パーソントリップのリアルタイム抽出のバックエンド処理削減に直結します。このようにパーソントリップ型クラウドのAPIゲートウェイは，SaaSへのAPIリクエスト，SQLクエリー負荷，トラフィック量，応答時間予測，エラー時の冗長性などに対応できなければ，システム障害を起こす可能性があります。

　このような弱点を克服しながらもパーソントリップ型クラウドが進化する必然性の理由は，Lecutre 02で学んだように，パーソントリップ2.0化プラットフォームが「顧客ナーチャリングに必要な5つの技術要素」を備えているからです。

> パーソントリップ型クラウドのプロトタイプ

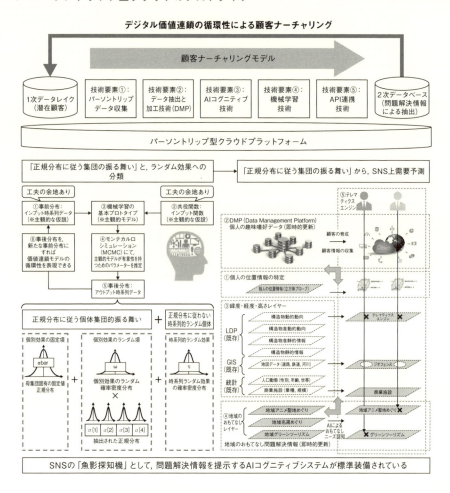

パーソントリップERP化の事例：NTTPCコミュニケーションズ

　NTTグループでは，NTTPCコミュニケーションズが開発したIoT＋PaaSプラットフォームを自動車，農業，ヘルスケア，ビルメンテナンス業者に提供しています。外部アプリケーションとの接着剤であるAPIを公開しているため，顧客との業務システム連携，データ相互分析を可能にします。

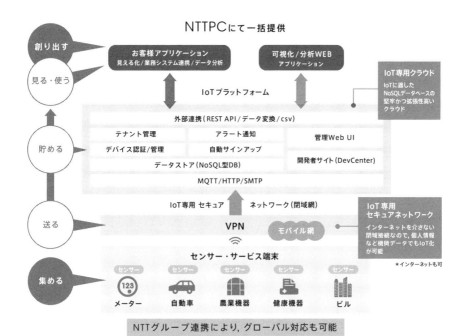
出典：NTTPC コミュニケーションズ

Lecture 28

社会インフラの
オープンソース化

観光ビジョン実現プログラム2016

　観光庁が主導する観光ビジョン実現プログラムは，世界中から外国人が訪れたくなる日本を目指して，観光資源の魅力を高めるためのアクションプランです。文化財・景勝地・国立公園のブランド化から宿泊施設の整備や訪日プロモーションまで総合的な施策を実施しています。その中の1つである広域観光周遊ルート形成促進事業は，観光庁が策定した11ルートの観光地化を地域が推進し，その事業を観光庁がパッケージで支援し，海外に発信する取り組みです。

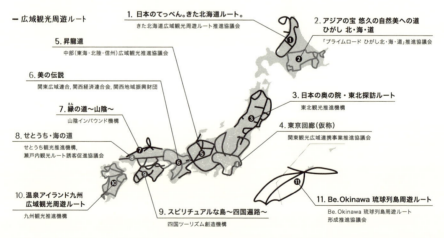

➤ 広域観光周遊ルート形成促進事業11ルート

> 2020年観光立国:「おもてなしプラットフォーム」をめぐる2つの動き

```
┌─────────────────────────┐  ┌─────────────────────────┐
│  文化庁, 国交省, 総務省    │  │  経済産業省, 観光庁, 運輸局 │
│      「OPaaS.io」         │  │ 「観光ビジョン実現プログラム2016」│
│      「CPaaS.io」         │  │  「IoT活用おもてなし実証事業」 │
│    TRONシンポジウム        │  │「ローカルプラットフォーム」実証実験│
└─────────────────────────┘  └─────────────────────────┘
```
※IoT色が強い実証実験が特徴

革新的な手法より,使い古された手法が何度も実行されるのか?

　DMOが観光IoTを導入するには,その予算を確保するための事業計画を作成しなければなりません。そのためには,3年〜5年の予測計画を立て投資に対する収益率を明確にしなければ,予算承認は得られないことを現場の担当者はよく知っています。また,「IT投資の投資効率(IRR)の根拠を明確にすること」が焦点になることも知っています。

　これまでにない手法で旅館や地域再生にチャレンジしようとしているのに,投資回収率を事前に予測しなければならないのです。精緻な数値を前提として提唱すればするほど,「その数字の根拠は?」と突っ込まれて底なし沼にはまってしまうことを知っています。

　したがって,「過去に予算が通った手法」を踏襲することになります。「新しいものを拒む古い観念」に対して,あなた自身で「今,世界で起こっているデジタル革命」を認識させ,動機づけさせる必要があります。

動機づけ①:デジタルインフラのセーフティーネットの必要性

　　汎用的観光IoTの持つ意義は,「ICT機能の自前開発から脱落するエンドユーザーのセーフティーネット」です。そのためには,デジタルインフラの社会資本化の仕組みが必要になります。その理由は,デジタルインフラの持つ社会インフラとしての共用性,汎用性にあります。

> セーフティネットとなる社会インフラの必要性

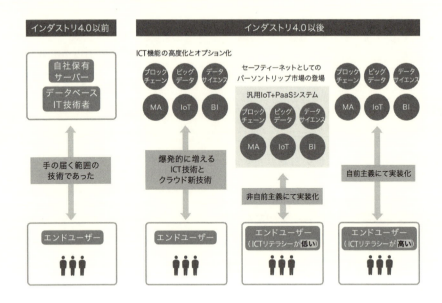

動機づけ②：欧米の電力自由化から学ぶこと

　2016年4月より，日本における電力小売が自由化されました。2018年12月7日時点で，小売電気事業者の登録数は543社です。2017年には都市ガスの小売自由化もされ，これまで一部の企業による独占状態であった都市サービス機能が自由化することによって自由競争が促され，今後，市場原理に従って料金が適切化される（＝下がる）ことが期待されています。

　しかし，欧米では20年前に電力自由化がなされましたが，結果として電気料金は上昇しました。その要因は石油価格，為替変動，地政学的要因など複雑ですが，必ずしも無条件の規制緩和によって，市場原理が働くとは限らないことがわかります。適切に市場原理が働かなかった1つの要因として，中小企業が初期投資に耐えられなかったことが考えられます。

　このように大規模な初期投資が必要とされるエネルギー業界への参入が自由化されたとしても，結局は初期投資に耐えうる財務力を持った大企業

による半寡占状態となってしまうということが示唆されています。

市場原理を働かせるためには、地方の中小企業に過度な初期投資が必要のない社会インフラを提供し、段階的に市場開放を図り、地域ごとの新規参入企業を育成する仕組みが必要となります。

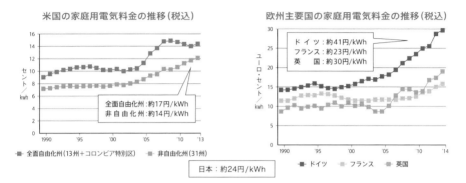

出典：電力中央研究所「世界の電力事情…日本への教訓」

動機づけ③：都市サービス機能の「汎用ソフト」としての観光IoT

観光IoTイノベーションは、都市OSやスマートシティなどと本質が同じであるため、ホテルや旅館が個々に開発する類のシステムではなく、社会資本として自治体や官民ファンドが供給する性質のものと考えられます。

資本の少ない地方の中小企業が、初期投資なしで都市サービス機能事業に参入するためにはどうすればよいでしょうか。インフラのオペレーション概念の汎用化（規格の標準化）、インフラ投資の効率化が大きな要件となります。つまり、自治体や官民ファンドが汎用的な観光IoTシステムやソフトウェアを導入すれば、中小企業はサービス提供に集中することができ、競争力を増すことができます。

➤ 観光 IoT の社会資本化の必要性

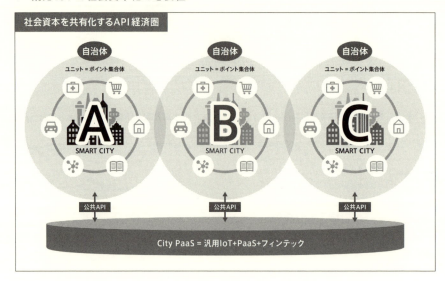

観光 IoT 推進が地方創生にもたらす可能性

　パーソントリップ汎用ソフトとしての観光 IoT の強みは，システム費用が低廉であること，初期開発費用がかからないこと，自社で開発要員や運営要員を確保する労力が最小限で済むこと，本来の営業の趣旨と異なるシステム開発に莫大な労力をかける必要がなくなることです。

　地方創生という趣旨の下において，中小企業が最新機能を持った ICT システムに大きな投資をすることなく自社の強みのアピールと顧客の選択や抽出を行うことができるようになります。すなわち，汎用観光 IoT は，地方創生のための共有システム化と言えます。

汎用観光 IoT システムに求められる要素

汎用観光 IoT システムに求められる要素が3つあります。

① 既存システムとの連携性

　中小企業が既に使用している財務会計ソフトや生産管理ソフトとのデータ連携ができないことには，汎用システムといっても，中小企業への導入によるシナジーが薄れてしまいます。これまでの ERP システムとの連携は必須といえるでしょう。

② 地域間格差をなくす汎用性

　地域間格差を是正するためには，IoT デバイス，ならびにパーソントリップデータを収集できる標準化の仕組みが必要です。MQTT（MQ Telemetry Transport）のような世界標準の IoT デバイスプロトコールに準拠する必要があるでしょう。

③ スマートシティインフラへの活用

　パーソントリップビッグデータを収集できたとしても，地域戦略差異の現状分析が可能でなければ，効果が薄くなってしまいます。IoT で集めたデータをさらにスマートシティインフラ等で活用できてこそ，汎用システム化と言えます。

都市サービス機能の汎用部分事例

　交通，医療，行政，農政などの都市サービスにおいて汎用的な部分の事例として，公的ネットワークの汎用性があります。

　LGWAN（総合行政ネットワーク）は，地方公共団体を相互に接続する行政専用のネットワークです。地方公共団体相互間のコミュニケーションの円滑化，情報共有の高度化を図るために整備されました。LGWAN 上で民間業者が ASP（Application Service Provider）としてアプリケーションソフト等のサービスを提供することが可能であるため，民間と共有可能な汎用システムとして期待されます。

Case >>>

医療介護がパーソントリップ2.0化する理由

介護者と被介護者の需給ギャップの広がり

確実に増加する被介護者に対して介護者の絶対数が足りず、今後も需給ギャップは増加することが予測されます。

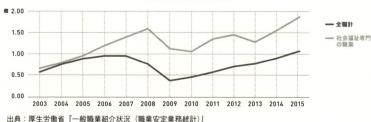

有効求人倍率の推移

出典：厚生労働省『一般職業紹介状況（職業安定業務統計）』

介護現場における労働環境の課題

介護現場の課題には「賃金が低い」「身体的負担が大きい」「徘徊などの管理責任」などが挙げられます。

介護労働者数不足の主な原因

①介護人材の労働環境

労働条件に対する不満
- 人手が足りない(48.3%)
- 仕事の内容のわりに賃金が低い(42.3%)
- 有給休暇がとりにくい(34.9%)
- 身体的負担が大きい(30.4%)

②徘徊被介護者管理

徘徊がある介護者が入居を希望する場合、一般的に介護者による集中的な管理が必要になるため、入居を断られる場合も少なくありません。また入居できた場合であっても介護者の負担は重くなり、介護現場の労働環境の悪化により人手不足が進むことになります。

出典：公益財団法人介護労働安定センター平成26年介護労働実態調査

介護者，被介護者の身体的負担を減らす「着るIoT」の可能性

繊維メーカー，医療研究機関を中心に「着るIoTデバイス」の開発が進んでいます。手軽に着用可能であるため，着用者に大きな負担がなく採用することができます。着るIoTによって，介護者と被介護者を主体とした介護の2.0化が加速するでしょう。

会社名	商品名	特徴
東洋紡	COCOMI(心美)™	独自の導電材料を使ったフィルム状の機能性素材。 導電性・伸縮性に優れ，生地に張り付けることによって精度の高い生体情報の取得が可能。
東レ	hitoe®	導電性高分子をナノファイバーニットに含浸させた高い導電性をもつ生地。 肌にやさしく，長時間の生体信号の測定が可能。
グンゼ	導電性ニット線材	導電性繊維を編みこんだ柔軟性・伸縮性に優れた導電性ニット。 伸縮による抵抗変化特性により，体勢や動きをより正確に測定することが可能。

介護向け IoT+PaaS 付加価値モデル

着るIoTデバイスによって介護者，被介護者の位置情報だけでなく，身体的，精神的状況を管理できるようになります。それらのデータをもとに起こり得る事態を事前に予測する介護現場が実現すれば，双方にメリットがあります。特に，徘徊については被介護者の行動パターンを分析・理解することで，大きな事故を未然に防止することも可能でしょう。異常な状態を感知した場合は，介護施設にその状況が伝達されるからです。

着る IoT＋PaaS モデルが変革させる未来の介護現場

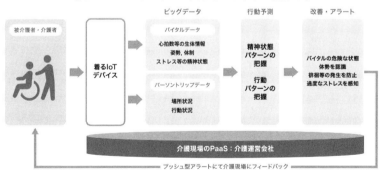

> このように医療介護の2.0化とは，着るIoT+PaaSシステムにより介護者，被介護者の身体的，精神的負担を軽減させ，作業効率の改善，徘徊などから生じる事故リスクの低減を実現させる付加価値モデルです。

都市交通ビッグデータと自動運転を結ぶ都市OS

　Googleが提唱するような完全自動運転社会の実現は，モビリティーと都市インフラとの双方向データ連携（MaaS：Mobility as a Service）が必要です。都市OSにおいて，モビリティーは非定点型IoTデバイスとして機能し，移動体通信を利用したテレマティクスによるインプット/アウトプット受容体であるといった意義を担います。

　都市インフラはIoT送受信体として定点観測し，①路車間通信機能，②インプットデータを平常時，非常時別でのリアルタイム行動分析する機能，③アウトプットデータを都市交通システムや個々モビリティーのテレマティクスにフィードバックする機能，を提供します。

➢ 都市OSの概念

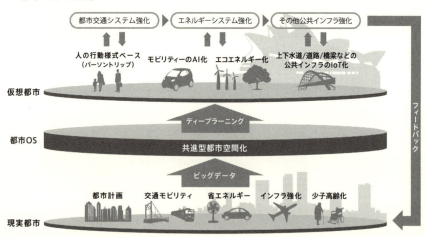

Column

国交省の取組み：コンパクトシティーへの誘導

コンパクトシティーとは，公共性の高い街機能（医療，教育，福祉，文化，子育て，地域交流など）が市街化区域面積の10％以下に集約された都市設計を持つ街のことです。自治体が計画の中で「都市機能誘導区域」を設定し，それが全市街化区域の10％以下であれば，政府が補助金を支給して財政支援します。

事例として，和歌山県では，教育拠点を街中に集約し，学生が集まりやすくしました。山形県鶴岡市では，空き家の多い地域にITインフラを集約し，ベンチャー企業誘致を行うことで，投資の焦点が明確になるというメリットがもたらされ，地方再生における新たな産業と雇用の創出という効果を生み出しました。

都市OSは「究極のIoT＋PaaSモデル」

都市OSは，民間企業による商用サービスと行政による公共サービスの融合です。

そのため，都市OSは，平常時でのサービス提供だけでなく，非常時にこそ最適なサービスの提供が求められるため，非常時対応の行動予測ツールとして構築される必要があります。

> 都市OSの平常時／非常時オペレーション

> 都市 OS の平常時 / 非常時対応

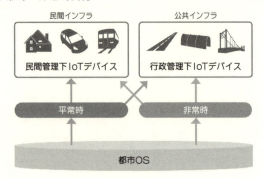

平常時と非常時のリアルタイム処理の違い

　民間と行政の管理下にあるインフラや IoT デバイスは，平常時と非常時において異なるアルゴリズムで対処します。

　数十万～数百万のモビリティーパーソントリップデータを「リアルタイムでインプット集積，分析，アウトプットフィードバック」するアルゴリズムは，平常時と非常時では全く異なっています。

▶非常時の特殊なアルゴリズム

① **渋滞予測と回避行動**：制約条件下での連続的渋滞回避行動のアルゴリズム
② **災害時のパニック回避**：群衆心理を考慮したアルゴリズム
③ **災害時の EV（Electric Vehicle：電気自動車），FCV（Fuel Cell Vehicle：燃料電池自動車）の可動制約**：ガソリン，電気，水素などのエネルギーインフラ設備の損壊を考慮したアルゴリズム

都市 OS に実装される非常時 AI ディープラーニング

　スマートシティ用 City PaaS は，ビッグデータを分析するモジュールを実装します。分析対象は，SIM ログ，WEB カメラからの画像情報，交通データ，金融取引データなど，人間行動生態に関するギガバイトからテラバイトのデータです。

非常時には，リアルタイムで分析するための分散処理技術 Hadoop，ディープラーニングによる行動予測を行う AI が必要です。都市 OS には，IoT デバイスの定点観測値と非定点観測値からのインプットデータをもとに非常時対応を行う最適化ディープラーニングツールが実装されています。これによって，非常時における非定型の大規模なデータの分析でも現実的な時間で処理を終えることが可能になります。

都市 OS を実現させる「共進化社会」という概念

　共進化社会という概念は，都市 OS を「社会サービスを提供する共通基盤」として提唱されています。（九州大学共進化社会システム創成拠点 http://coi.kyushu-u.ac.jp）。
　都市 OS はシミュレーションのためのデータ収集・格納機能とその活用エンジンを持ち，交通・天気・エネルギー災害に関する行政情報など社会の事象をデータ化し格納します。これらのデータを利用して解析し，リアルタイムに社会へフィードバックするのです。

> 共進化社会が進める都市 OS の連携

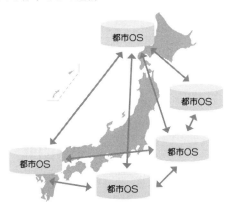

Column
総務省の取組み：軽度でもネット障害を報告させる指針

　総務省は，IoTの普及で予期できないインターネット障害やサイバー攻撃への迅速な対応に向けて，情報共有するイニシアティブをとっています。

　2018年に，ネット障害発生時の接続業者の対応策指針を改定し，接続業者は，たとえ軽微な障害でも総務省に報告することになりました。

　改定以前は，「2時間以上，3万人以上への影響」が重大事故の定義とされ，電気通信事業法で接続業者は国に原因や再発防止策など詳細な報告書を提出することと定められていました。

　総務省が「軽微な障害」でも報告するように求める理由は，世界のIoT機器は2020年には300億個になる予測のため，1つのIoT機器の障害が，連鎖的に大規模な障害に発展するリスクがあるためです。

　総務省管轄の情報通信研究機構（NICT）は，サイバー攻撃が2016年には前年比2.4倍に増加し，2017年にはIoT機器を標的とするウイルスが急増したことを報告しています。

　総務省は，ネット接続業者と連携して，サイバー攻撃元のサーバー接続を一斉に遮断する方針も打ち出しています。

Lecture 29

5G時代の近未来型デジタルテクノサービス

5G超高速通信が実現する近未来技術

　5Gとは2020年を目標に開発が進んでいる「第5世代」の通信規格です。現行の4Gより実行速度が100倍速く，通信遅延も1mSec（mSec：1/1,000秒）しかないことから，即時性サービスにおける進化が予測されています。

高速動画配信

　4Gで2時間かかった動画コンテンツは，5Gならばわずか3.6秒でダウンロードできます。仮想現実（VR）コンテンツも，通信遅延なく快適に視聴できるようになります。5G動画配信によって，「通勤電車で映画鑑賞」が当たり前になるでしょう。

5G自動運転

　自動運転における自律性とは，予測不可能な障害物に対して瞬時に危機回避を判断する能力とされます。あたかも，外部刺激に対して頭脳を介さずに反応する反射神経に似ています。

　現在の画像センサー単体の標準処理スピードである30mSecは，すでに人間の反射神経の領域に達しています。しかし，高速運転中の障害物発見から危機回避行動までには，ミリ波レーダー，CMOSカメラ，赤外線カメラ，超音波センサーなどの人口眼がECU（頭脳）と連携して機能しなければなりません。5Gインフラの実現によって，障害物発見から自動衝突回避判断まで合計で1

〜100mSecのスピード処理が期待できます。

LPWA

ECUは，数10〜数100のLSIを搭載したモジュールですので，電力消費の問題が生じます。そこで，LPWA（Low Power Wide Area）という，消費電力を抑えて遠距離通信を実現する通信方式が着目されます。工場内であらゆる種類のデバイスがIoTで自律的につながるためには，MQTTのような通信プロトコルと同様に，省電力通信スキーマが必要になります。

工場内IoTの無線通信は，デバイス―デバイス間，デバイス―生産ラインPLC間，生産ラインPLC―Gateway間において実現される必要がありますが，現状の有線通信モジュールの無線化には，消費電力の課題をクリアする必要があります。また，一度，工場外のキャリア基地局を経由して，工場内のGatewayにアクセスする必要があります。

> 生産ラインとデバイスレベルの無線通信の現状

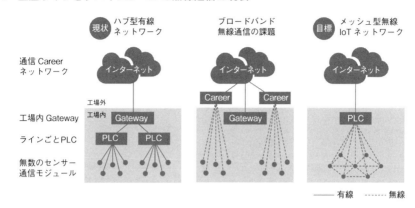

LPWA の優位性

電波法の免許が不要で使用できる周波数帯域としては、一般的に920MHz帯が使用されていましたが、送信電力を20mWも消費してしまうのが課題でした。そのため、「LPWA型IoTデバイス」は小電力無線通信モジュールとして着目され、使用用途の粒度とスケールニーズを考慮してその利用を決定することになります。

> 免許不要の周波数の比較

周波数帯	315MHz 帯	400MHz 帯	920MHz 帯	1200MHz 帯
帯域幅	3.25MHz	0.11MHz/0.56MHz など	13.8MHz	1MHz
占有帯域幅	1000MHz	8.5k/16.5kHz	1000kHz	16k/32kHz
送信電力	EIRPO0025mW	1mW/10mW	20mW	10mW
デメリット	小出力のため通信距離が短い	狭帯域のため通信距離が短い	―	狭帯域のため通信速度が出ない

> 通信粒度とスケールニーズ LPWA 型 IoT デバイスの選択に応じた選択

> **LPWA型IoTデバイスの優位性**

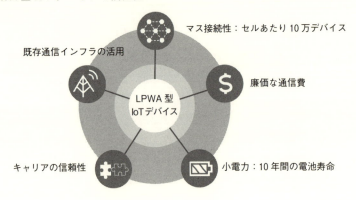

LPWA型IoTデバイスを標準装備したスマート工場

　LPWA型IoTデバイスと5Gの連携によって，工場内の建物管理，鋳造＋金型工程，CNC旋盤組立工程，アッセンブリー工程のLPWA型IoTデバイスと生産ラインのマス通信を標準装備したスマート工場が整備されるでしょう。

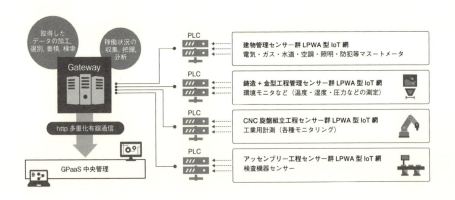

LPWA 型 IoT による都市インフラ老朽化対策

LPWA 型 IoT デバイスは，頻繁に電池交換ができない山間部，橋梁，地下構造物などに有効です．4 つの類型ごとに，最も適した LPWA 型 IoT デバイスが採用されます．

類型		種類	例
地上構造物	類型1	広域型無線（センサ密度：大，データ収集頻度：大）	橋梁
	類型2	局所型無線（センサ密度：小，データ収集頻度：小）	橋梁橋桁
地下構造物	類型3	センサ型（ノイズ：大）	上下水道管
	類型4	打音検査型（ノイズ：小）	トンネル

地上構造物（類型 1 + 2）は，広域型と局所型を組み合わせたモニタリングが可能です．

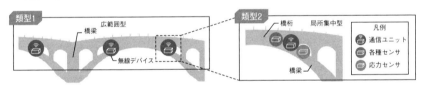

地下構造物（類型 3 + 4）は，閉所と開所でのノイズ問題を排除したモニタリングが可能です．

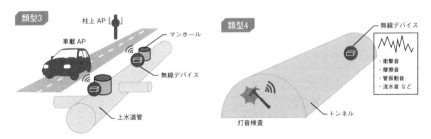

AI イヤホン

　補聴器のような形状をした耳に着けるIoT機器ですが，無線モジュール，ブルートゥース，多様なセンサー，マイクなど，イヤホン型スマートフォンという機能を備えています。これらは，内耳の反響音によって個人認証機能，位置情報の記録・発信機能，バイタル情報などを自動で取得します。

　手と視線が開放された状態で，さまざまな情報が自動的に耳に届くとき，人間本来の身体能力や感性は研ぎ澄まされる可能性があります。

ネットIDとスマートホテルの融合

　潜在顧客はモバイル端末だけではなく，複数の端末を持つことが一般的になりました。そのため，ビッグデータの蓄積，クラウド上のデータ連携による行動予測とクッキー情報と実店舗POSデータの融合が課題としてありますが，顧客視点からは「シングルサインオン」の実現により利便性が高まりました。

　すなわち，インターネットへの接続IDやパスワードが紐づけられ，一度ログインしたら，提携アプリを自由にサーフィンできる時代になりつつあります。

　例えば，スマートホテルでは，予約，チェックイン，決済，ルームキー渡し，館内の案内や観光ガイドなどの情報提供までの機能を，スマートフォン上のアプリでワンストップで行えます。パーソントリップビッグデータと連動したプッシュ型MAによって，潜在的なターゲット顧客に対して直接「お気に入りの部屋」が空室であることを訴求することも可能になります。

　このシステムは小規模旅館でも許容可能なコストで導入ができ，さらに運用サポートも提供するスマートホテル運営代行も現れ，スマートホテルによって中小規模旅館が活性化することが予測できます。

> 観光 IoT による新しいホテルの形

シングルサインオン認証

　DMP データベースの DMP モデル A 型は，実店舗と EC 店舗などのオムニチャネルにおいて複数の ID を使い分ける顧客を認識することを可能にします。それによって，1つの ID で複数サイトにアクセスできるようになるのが，シングルサインオン認証です。

　大手の客室販売エージェントは，すでに複数の自社サイト（ウェブ，スマホアプリ）を経由した顧客 ID の紐づけをしており，顧客のアクセス媒体に関係なく消費行動分析の精度を高めています。

> セキュリティベースド GPaaS モデル

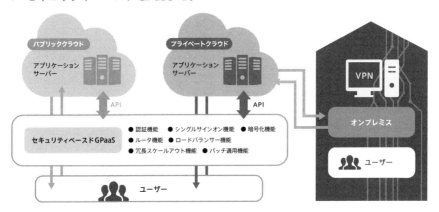

Lecture 29　5G 時代の近未来型デジタルテクノサービス

> **Column**
> ## 総務省の取組み：個人認証のシングルサインオン
>
> 　総務省は，パスポートなどの個人情報登録時にメールアドレス，パスワードを同時に1回だけ登録すれば，自治体などが提供する公衆無線LANに自動的につながるサービスを2019年からスタートします。これにより個別ネットワークごとにIDとパスワードを登録する必要がなくなり，個人認証のシングルサインオン化が加速します。訪日観光客は，入国時のパスポート情報，日本人はマイナンバー情報とリンクさせることを想定しています。
> 　また総務省は，2020年には「おもてなしクラウド」を訪日観光客に提供し，翻訳サービス，観光情報から飲食店のクーポンまで，シングルサインオンで提供する計画です。

QRから生体認証と決済新システム

　「生体認証」でスマートホテルを実現する実証実験がすでに始まっています。つまり，ヒトの顔や指がIoT末端になる時代がすでに来ているのです。

ついに「ゼロクリック」で情報伝達する空中ハプティクス技術

　1996年ダブルクリック社が誕生し，Amazon社が1997年にワンクリック特許を登録した当時，すぐに「ゼロクリック」の時代が来ると想像しました。それから30年を経て，ようやくその商用化に至りました。英ウルトラハプティクス社が開発した，超音波を利用して空中で触感フィードバックを得る空中ハプティクス技術は，家電や車載装置の操作，仮想現実（VR）デバイスの汎用的インターフェイスになることが予測されます。

Column
QR コード決済の潮流

　NTT ドコモは，QR コードを用いた決済サービスを2018年 4 月からスタートしました。スマートフォンの画面に映った QR コードを店側が読み込むと決済が完了する仕組みです。
　アジアでは，アリババ集団，WeChatPay（微信支付）に代表される QR コード決済が急速に広がっています。
　店側はクレジットカード端末を導入せずに，QR コードを店頭に表示さえしておけば，通貨を使用せずに決済できるので，「現金信仰」のない国ほど親和性が高いと言えるでしょう。

Lecture 30

ブロックチェーン2.0経済圏とGDPRの法的課題

1　ブロックチェーン2.0と地域経済圏との親和性

　仮想通貨基盤となるブロックチェーンも「2.0化」が進み，個人間の合意アルゴリズム型に改善された新たな仮想通貨やブロックチェーンシステムが開発されています。

　イーサリアム型プライベートブロックチェーンは，「コトモノ財」取引の決済に信用を与えうるプラットフォームです。その理由は，あらゆるユースケースに対応可能なスクリプト（Solidity）の柔軟性にあります。

　仮想通貨の取引，その残高という「デジタル数値の記録」だけでなく，「信用状（貿易実務，債権債務に対する対抗要件など）」「土地の権利」「あらゆる契約書」など価値移転を伴う取引，仮想通貨による即時決済機能と記録機能を併せ持つプラットフォームです。このシステムを用いれば，遠隔地との取引において，信用リスクを第三者に依存せずに担保でき，即時決済を実現できる点で，コトモノ財の決済手段としての親和性を持ちます。

　実需サイドの決済手段としての地域仮想通貨も魅力的です。例えば，仮想通貨トークンの価値設定は，「一定期間内に使用しないと価値が下がる」「地域内で使えるトークンを付与する」「少額取引にも即時に対応する」など，多様な設定が可能です。

**イーサリアム型プライベートブロックチェーンが
地域経済圏創出と親和性が高い理由**

① 地域内P2Pを構成できる公的コンピュータを用意できること（＝自治体，大学，公的研究機関など）
② 守るべきPier（＝コールドウォレット型Pier）設定にてセキュリティー強化できること
③ SD型（＝Software Driven）による仮想化ストレージによりデータ容量問題に対応できること
④ 地域内実需を生み出す地域内決済を促進させること
⑤ 少額決済にも対応できること
⑥ 地域金融機関が円と地域通貨を交換することにより，中央銀行機能（マネーサプライ）を持てること

複数ブロックチェーンの互換性が「仮想通貨を法定通貨にする」

　特定のブロックチェーンにおいては，スペック上の不具合（例：使用負荷の急増，台帳不足など）やセキュリティー事案（例：特定Pierに対してDos攻撃を受けた場合など）対策として，仮想通貨取引所で用いられるような即時取引性の高いブロックチェーンシステムを相互接続することにより，お互いにシステムの信用性を高めることが可能となります。実際に，クレジットカード大手のジェーシービーとフィンテックベンチャーのカレンシーポートは共同で，国内で動いている7～10種類程度のブロックチェーンをつなぐための仕組みを開発しています。
　即時換金性が求められるブロックチェーンと，地域経済圏創出型のブロックチェーンが相互接続するメリットは，即時決済手段のグロバール化と地域経済活性化の相乗効果にあります。
　一方で，グローバル化に伴うセキュリティリスクも増大しますが，フィアット通貨（法定通貨）の使用は縮小し，仮想通貨が仮想ではなくなる日が近いと

いうことです。

仮想通貨を「信託ウォレット」で守るBaaS

　信託ウォレットとは，取引所が管理する個人の仮想通貨ウォレットを，信託業者独自の「信託ウォレット」で管理を請け負う仕組みです。現在では，取引所が利用者の資産管理を行っているので，仮想通貨の不正流出や取引所の破綻時に預けた仮想通貨が戻らないリスクがありました。

　2017年4月施行の改正資金決済法では，取引所自社と顧客資産の分割管理を義務づけたことで，法的に「お金に色をつける」ことになりました。これによって，取引所が破綻しても顧客資産は保全される仕組みが整いました。

2　パーソントリップデータの外部取得を取り巻く法的課題

平成27年改正個人情報保護法の焦点

◆匿名加工情報（2条9項）

　匿名加工情報（特定の個人を識別することができないように個人情報を加工した情報）の類型を新設し，個人情報の取扱いよりも緩やかな規律の下，自由な流通・活用が可能となりました。

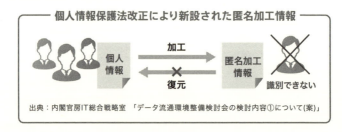

◆ 要配慮個人情報（2条3項）

　要配慮個人情報とは,「本人の人種,信条,社会的身分,病歴,犯罪の経歴,犯罪により害を被った事実その他本人に対する不当な差別,偏見その他の不利益が生じないようにその取扱いに特に配慮を要するものとして政令で定める記述等が含まれる個人情報」とされ,政令で定めるべき事項を検討する必要があります。

　慎重な取扱いを要する個人情報を要配慮個人情報として新たに類型化し,本人同意を得ない取得を原則として禁止するとともに,本人が明確に認識できないうちに個人情報が第三者へ提供されることがないようにするため,オプトアウト手続による第三者提供を認めないこととしています。

　要配慮個人情報の類型化の具体策として,「情報銀行」が提唱されています。

➢ 要配慮個人情報の類型化と情報銀行

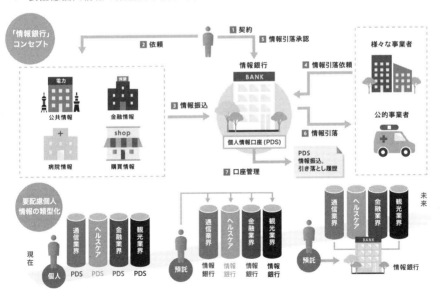

出典：内閣官房IT総合戦略室「データ流通環境整備検討会の検討内容①について（案）」

匿名加工情報が創出するデータ取引市場

　現在のパーソントリップデータ取引市場は高価すぎます。匿名加工情報のデータ取引市場が形成され，データ取引市場もオープン化の流れにあります。

> 匿名加工情報が創出するデータ取引市場

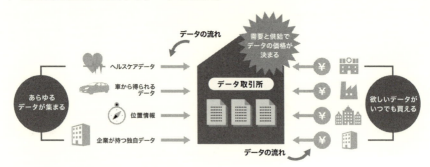

出典：内閣官房IT総合戦略室「データ流通環境整備検討会の検討内容①について（案）」

パーソントリップデータの所有権と大企業による独占排除

　グーグル，アマゾン，フェイスブック，アップル，メルカリなどの大企業が所有する個人情報ビッグデータの「独占性」は排除される方向にあります。パーソントリップビッグデータを高額で取引する市場が形成されたため，データ収集そのものが付加価値性を高めました。個人ユーザーが個人情報の入力を拒否することはできないため，企業が取得した個人情報という私有財産の所有権を「誰に認めるか」の問題は，情報銀行のような「国家管理」の方向に収束すると考えられます。

パーソントリップデータの情報保護規制

EUでは「一般データ保護規則（GDPR：General Data Protection Regulation）」（2018年5月施行）にて個人情報保護を規則化しました。個人情報は，個人の私財であることを明確に定義し，企業が取得した情報を使用するには個人の意思が条件であることを定めています。

EU内に子会社がある日本企業も対象となるため，データ保護責任者の設置などの要件に対応する必要があります。また，EUからアクセスされるデータの保護強化と運用指針作りに自ら着手する必要があるでしょう。

通信履歴の情報保護規制

EUではGDPRに続き，「通信の秘密」を保護する新たな規制「eプライバシー規則（通称，クッキー法）」が準備されています。GDPRは個人データ保護全般の原則，eプライバシー規則は電子通信のプライバシー保護を定める特別法です。個人と事業通信者以外の者が通信データを処理するには，必ず当事者の同意を取る必要があることを定めるものです。この通信データは位置情報，趣味嗜好，消費履歴などのメタデータを指し，当事者から使用が認められても匿名化して個人を特定できなくさせる必要があります。

技術的に焦点になるのはクッキーの利用規制です。クッキーはウェブサイトの閲覧履歴などの個人利用者の足跡を記録するものであり，このクッキー情報をもとに個人の趣味嗜好の分析がなされ，従来から検索エンジンやターゲッティング広告配信に用いられてきました。しかし今後は，いかなる個人情報においても，利用のみならず分析についても，個人の同意が求められることになります。

このようにパーソントリップデータの「国家担保」による社会資本化の流れと，EUにおいて先行するGDPRやクッキー法によるけん制の動きが同時並行で進行しています。

個人データ利用の「合意（オプトイン）と解約（オプトアウト）」は必須

　EUを起点として「域外への収益移転禁止」のためにBEPSプロジェクトが進行するのに先行して，GDPRによる「個人データの域外移転禁止」を各国が法整備しつつあります。悪意の第三者からのセキュリティ対策はもはや標準であり，焦点は個人データに対する倫理的合意形成に移りつつあります。「合意（オプトイン）と解約（オプトアウト）」の権利が顧客にあることについてデータ使用者に説明する義務を課し，顧客データの所有権が「顧客自身」にあることを担保させる国際的な流れです。既存手法によるスクレイピングボットによる個人データ自動収集や，データ収集会社からの個人データ購入によるマーケティング利用などが法的制限を受ける可能性があります。

　パーソントリップ2.0を代表する観光施設や地方自治体（DMO，DMC），越境EC企業などは自社サイトで獲得した会員個人情報データと，各国ごとにGDPRの規制内容が異なるため潜在顧客データレイクのGDPRリスクを認識する必要があります。

ASEAN各国で異なる「個人情報移動リスク」と「センシティブ情報リスク」

　マレーシア，フィリピン，タイでは，センシティブ情報を「個人が特定できる情報，もしくは他の情報との照合によって個人が特定できる情報」として包括的に定義し，法整備を行っています。

　一方，インドネシアやベトナムでは，「電子システムやサイバーサービスで取り扱われる個人情報」として，デジタル世界における個人情報保護に焦点を当てた法整備がなされています。

　また，デジタル先進国のシンガポールでは2013年に個人情報保護法（PDPA：Personal Data Protection Act）が施行され，その遵守状況を監督する機関として，個人情報保護委員会（PDPC：Personal Data Protection Commission）が存在しています。ただし，ビジネスユースを目的とした「ビジネスコンタクトインフォメーション」については対象外としています。例えば，セミナーへ

の参加者へのビジネス目的のコンタクトは規制の対象になりません。日本の個人情報保護法では，個人の同意（＝オプトイン）が求められることと比較すれば，控えめな規制であり，実際，勧告や助言などの実績は10件未満しか見られません。

　このように，各国によって法規制が異なるため，各国の GDPR 規制内容と，実際のビジネス利用におけるリスクについて確認することが必要です。

> **各国が定める個人情報保護法準拠の確認ステップ**

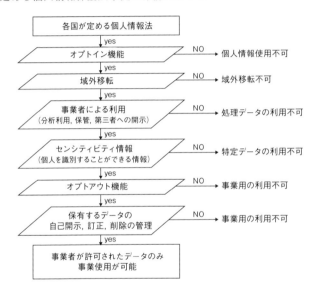

GDPRスクリーニングにより，リベラルアーツ系属性を付与する

本書の目的の1つは，この情報にSNSクチコミ情報から抽出した有意なリベラルアーツ系タグデータを付加させることで，より深層での人工知能による潜在顧客プロファイリングを行うことです。しかし，個人の宗教，思想，政治活動などリベラルアーツ系データが，センシティブ情報と判断されるリスクがあります。したがって，越境C2C型取引企業は，GDPRの観点からも，顧客個人データの流れを把握し，国際移転が生じる場合には必要な保護措置を担保する必要があります。個人情報データの収集と分析に関しては，各国の法的リスクを十分に理解したうえで，収集，分析，マーケティングに使用する必要があります。

➢ リベラルアーツテック収集による個人情報のGDPRスクリーニング

STEP 1： 対象国ユーザーの個人情報のアノテーション（属性付け）

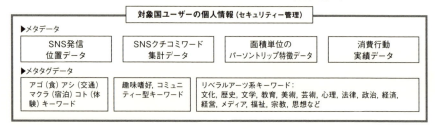

STEP 2： 対象国のGDPRの個人情報リスクをレベル分けする

低リスク	個人が特定されない集団的行動分析（サイト行動，サービス消費，消費履歴，SNS発信傾向など）
中リスク	個人が特定されないプロファイル情報分析（年代，性別，趣味嗜好，活動頻度，消費金額など）
高リスク	個人を特定しうるデータ（氏名，住所，電話番号，メールアドレス，SNSなどのID）

STEP 3： センシティビティデータを削除する

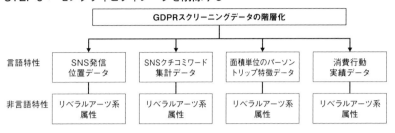

BEPS「収益移転」と GDPR「収益移転源泉移転」は，安全な越境C2C取引プラットフォームの基盤

　BEPS プロジェクトによる収益移転の法的整備が進む中，個人データについて事業者にデータリスクの管理を促すことは，「個人データという収益源泉の所有権と使用権の分離と移転」を担保するデジタル社会基盤化を目指す潮流であることがうかがえます。その対価は個人に対する金銭ではなく，「個人データの非倫理的活用の歯止め」「デジタルサービスの合意・解約自由の担保」「デジタル有益サービスへの積極的かつ安心な使用」という対価にて個人に還元される性質のものであり，デジタル価値連鎖時代の越境C2C取引プラットフォームの基盤になると考えられます。

■著者紹介

佐久間　優

TIS株式会社
サービス事業統括本部
AI＆ロボティクスビジネスユニット
AI＆ロボティクスサービス部プロデューサー
慶應義塾大学大学院政策・メディア研究科後期博士課程在籍

東北大学工学部卒。東京大学工学系大学院（都市工学修士），ボストン大学経営大学院（経営情報システム理学修士）。
モルガン・スタンレー証券，みずほコーポレート銀行（現みずほ銀行）等を経て事業法人に転身。パナソニック，カルソニックカンセイにてM&A/内部構造改革プロジェクトを多数推進。現職ではデジタル価値連鎖フレームワークを用いたデジタル無形資産の価値評価とコンサルティングサービスを推進中。

デジタル価値連鎖のメカニズム
人工知能に収益循環を学習させるリベラルアーツテック×生態学的ベイズアプローチ

2019年4月20日　第1版第1刷発行

著　者	佐久間　　優
発行者	山　本　　継
発行所	㈱中央経済社
発売元	㈱中央経済グループ パブリッシング

〒101-0051　東京都千代田区神田神保町1-31-2
電話　03(3293)3371（編集代表）
　　　03(3293)3381（営業代表）
http://www.chuokeizai.co.jp/
印刷／文唱堂印刷㈱
製本／誠　製　本㈱

ⓒ 2019
Printed in Japan

＊頁の「欠落」や「順序違い」などがありましたらお取り替えいたしますので発売元までご送付ください。(送料小社負担)
ISBN978-4-502-26241-8　C3034

JCOPY〈出版者著作権管理機構委託出版物〉本書を無断で複写複製（コピー）することは，著作権法上の例外を除き，禁じられています。本書をコピーされる場合は事前に出版者著作権管理機構（JCOPY）の許諾を受けてください。
JCOPY〈http://www.jcopy.or.jp　eメール：info@jcopy.or.jp　電話：03-3513-6969〉